AF305499

Madame

MERTIAN DE MULLER

Agrégée de l'Adoration Réparatrice

Imp. de la Société de Saint-Augustin,

Desclée, De Brouwer et Cie, LILLE,

IMPRIMEURS DES FACULTÉS CATHOLIQUES DE LILLE. — 1887

Madame
MERTIAN DE MULLER
Agrégée de l'Adoration Réparatrice

Madame

MERTIAN DE MULLER

Agrégée de l'Adoration Réparatrice

Imp. de la Société de Saint=Augustin,

Desclée, De Brouwer et Cie, LILLE,

IMPRIMEURS DES FACULTÉS CATHOLIQUES DE LILLE. — 1887

LE 3 Juillet 1886, DIEU rappelait à Lui la première Agrégée de l'Adoration Réparatrice, depuis l'organisation régulière et définitive de cette branche de l'Institut.

Souvent les vues de Dieu échappent complètement à l'intelligence de l'homme, « toujours si courte par quelque endroit ; » il ne lui est pas toujours donné de comprendre la miséricordieuse sagesse de ses desseins éternels ; toutefois, dans l'épreuve si douloureuse qui vient de nous frapper, ne pourrions-nous pas découvrir avec le regard de la foi une de ces raisons mystérieuses de la Providence ?

Oui, cette âme était vraiment digne d'être choisie par le Ciel comme les prémices de notre humble Agrégation, pour aller commencer, au pied du Trône de l'Agneau, l'adoration et la louange que ses sœurs cherchent à rendre ici-bas à JÉSUS-Hostie, en répandant dans le monde son amour et le zèle de sa gloire.

Madame Mertian de Müller a peut-être été moins connue dans l'Agrégation que d'autres membres, à cause de son éloignement de Paris ; et c'est peu après s'y être fixée qu'elle se sentit atteinte de la lente et douloureuse maladie qui devait mettre le couronnement à ses mérites et lui ouvrir les portes de l'éternité.

Sa présence aux réunions fut donc peu fréquente,

et c'est dans l'ombre, dans la souffrance, sous le regard de DIEU seul, qu'elle a vécu de notre esprit, aimé le St-Sacrement, aimé ses sœurs, aimé toutes les œuvres qui pouvaient glorifier DIEU et sauver les âmes !

Il a donc semblé bon et utile de réunir les principaux traits de cette vie édifiante, et de la faire connaître aux Dames Agrégées, afin qu'elle fût, pour celles qui ont approché cette femme regrettée, une consolation ; pour les autres, un encouragement à la vertu. Ce que l'une d'elles a pu faire avec la grâce de DIEU, il peut être donné à toutes de l'accomplir.

L'inspiration de la vie tout entière de Madame Mertian, l'unique mobile de son zèle, a été l'esprit de foi, vertu puissante qui dirigeait tous ses actes et réglait tous ses jugements.

Son existence, renfermée dans le cadre de la famille, n'a pas présenté d'événements extraordinaires ; tout y a été simple, conforme à la vie pratique d'une mère chrétienne, et si elle a su accomplir des œuvres d'une certaine importance, elle les a recouvertes du voile de l'humilité et du silence. Ce sont les lettres nombreuses et émues, auxquelles sa mort a donné lieu, qui seules ont fait connaître l'étendue de ses bonnes œuvres, que nul ici-bas n'avait jusqu'alors soupçonnées.

A notre époque, où les soucis des intérêts matériels et les mille préoccupations des exigences du monde dévorent les existences au détriment des devoirs les plus sérieux, les Agrégées de l'Adoration Réparatrice puiseront d'utiles leçons dans l'exemple de cette femme forte qui sut partager sa vie entre Dieu, sa famille et les pauvres, trouvant toujours le temps de se dévouer à toutes les œuvres qui ont pour fin la gloire de Dieu et le salut des âmes.

La famille est la pierre angulaire de la société religieuse et de la société civile ; or, la famille tend à se modeler principalement sur l'image de la mère.

C'est donc aussi afin de montrer aux mères chrétiennes qui font partie de notre Agrégation, ce qu'est une mère selon le cœur de Dieu, que nous leur offrons ces quelques pages consacrées à la mémoire de leur sœur en Notre-Seigneur : Marie-Thérèse du Sacré-Cœur, et dans le monde, Madame Mertian de Müller.

15 Octobre 1886.

I.

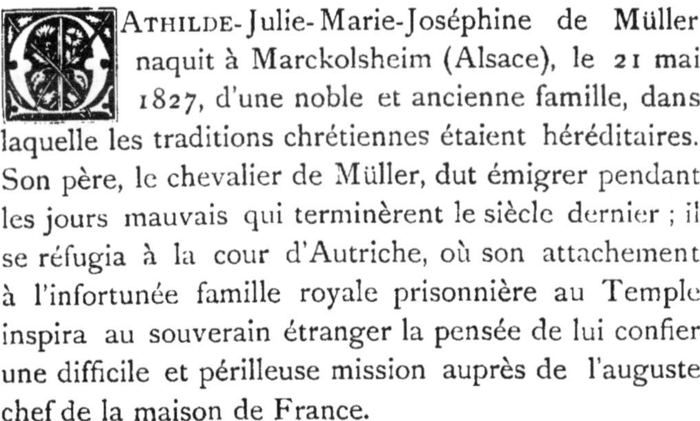

ATHILDE-Julie-Marie-Joséphine de Müller naquit à Marckolsheim (Alsace), le 21 mai 1827, d'une noble et ancienne famille, dans laquelle les traditions chrétiennes étaient héréditaires. Son père, le chevalier de Müller, dut émigrer pendant les jours mauvais qui terminèrent le siècle dernier ; il se réfugia à la cour d'Autriche, où son attachement à l'infortunée famille royale prisonnière au Temple inspira au souverain étranger la pensée de lui confier une difficile et périlleuse mission auprès de l'auguste chef de la maison de France.

Monsieur de Müller arriva jusqu'au Temple, mais là, il fut reconnu, incarcéré et condamné à mort ; son geôlier, à qui il avait pu, de la prison, rendre un service signalé, lui témoigna sa reconnaissance en le faisant évader la nuit même qui précéda le jour désigné pour l'exécution.

Le fugitif reprit la route de l'exil au milieu de mille dangers. Il fit d'abord partie de l'armée de Condé, obtint le grade de lieutenant-colonel, puis entra au service de l'Autriche. Il épousa Marie-Thérèse, Baronne de Mannagetta-Lerchenaü, dont le grand'père, land-grave de Hongrie, avait voué un attachement pro-fond à la reine Marie-Thérèse. En mémoire de sa vénérée souveraine et pour perpétuer le souvenir de son inaltérable attachement, il exprima le désir que l'une des filles de chaque génération de sa descendance portât le nom de cette reine héroïque.

Nous verrons comment Madame Mertian, qui avait dû interrompre cette tradition de fidélité à la naissance de sa fille, fut amenée providentiellement à y revenir au moment où celle-ci entra en religion.

Lorsque les Bourbons remontèrent sur le trône de France, le chevalier de Müller revint en Alsace, d'où sa famille était originaire, et rejoignit à Marckolsheim ses sœurs et ses trois frères, dont l'un était entré dans les ordres et occupait la cure de cette petite ville. L'éloignement et les malheurs n'avaient fait que resserrer leur union ; aussi la pieuse famille donnait-elle l'édifiant spectacle d'une vie patriarcale peu commune de nos jours.

Les ressources du modeste intérieur n'étaient point grandes ; les émigrés n'avaient pu recouvrer qu'une bien faible partie de leur patrimoine. Les frères et sœurs mettaient donc en commun leurs petits revenus, mais surtout les trésors d'affection, de dévouement, qui les animaient les uns pour les autres.

C'est là, dans ce milieu à la fois si grave et si chrétien, que la jeune Mathilde vint au monde. Trois sœurs l'avaient précédée dans la vie ; aussi le rôle de « *Benjamine* » lui fut-il naturellement assigné, et comme telle, elle devint l'objet des prédilections de tout son entourage. Son air toujours gracieux, la bonté que reflétait son visage, l'avaient fait nommer « l'ange Mathilde », et c'est sous ce nom qu'il en est fait mention dans la correspondance des siens.

Le dévouement si connu du chevalier de Müller à la famille royale lui avait fait obtenir l'admission de ses deux filles aînées au pensionnat de l'Enfant Jésus à Paris, que patronait Madame la Dauphine, et qui subsistait grâce aux munificences du Roi.

Mais la révolution de 1830 ferma cet établissement, et les deux jeunes filles reprirent le chemin de l'Alsace pour y être témoins des derniers instants de leur père ; celui-ci, frappé au cœur par la nouvelle infortune qui venait d'atteindre la famille royale, mourut peu après, léguant sa veuve et ses quatre orphelines à l'affection de ses frères. Ceux-ci répondirent noblement à ce vœu suprême et adoptèrent la jeune famille, lui donnant en toute circonstance les preuves du plus entier dévouement.

La vie était réglée comme dans un monastère ; la prière avec les serviteurs se faisait matin et soir ; tous les membres de la famille s'inclinaient, avec soumission et respect, devant l'autorité de Pierre, le frère aîné, qui, pendant l'émigration, avait été conseiller aulique de l'empereur d'Autriche et qui restait maintenant le tuteur et le soutien de dix frères et sœurs. On conservait dans l'intimité ces formules solennelles, ces usages des anciens jours qui nous paraissent aujourd'hui étranges, surannés, mais qui contribuaient tant à maintenir dans les familles le respect, les bonnes traditions et les mœurs patriarcales.

Après la mort de ses beaux-frères, la Baronne de

Müller quitta Marckolsheim pour se fixer à Lunéville,
où l'une de ses filles était mariée. Jusqu'à cette époque,
Mathilde était restée auprès de sa mère, dont elle fut
la joie et la consolation au milieu de tant d'épreuves.

D'une nature douce, timide, aimante, son âme
s'attacha intimement à celle de sa mère ; vivre à ses
côtés et l'entourer de ses tendresses était tout son
bonheur.

Le temps vint cependant où elle dut s'en séparer
pour aller à Nancy continuer son éducation. La pauvre
enfant, malgré ses larmes, accomplit son sacrifice sans
résistance et se pénétra du règlement de conduite que
son père avait écrit pour ses sœurs aînées, règlement
devenu plus sacré encore depuis la mort du chef
vénéré de la famille. Nous donnerons ici ces pages.
Rien ne peut mieux caractériser les traditions de
respect et de devoir qui se perpétuaient dans cette
famille chrétienne.

« Dans la règle de conduite que je vais vous
» prescrire, ma chère enfant, il n'est pas seulement
» question de la satisfaction de vos parents, mais de
» votre propre avantage temporel et éternel.

Article premier.

» Abandonnée à vous-même pour la première fois de
» votre vie, vous devez sentir combien il faudra faire
» usage de votre raison et des bons préceptes que nous
» vous avons donnés, afin de répondre dignement aux
» soins que vos supérieures vont vous donner au nom
» de vos parents

ARTICLE SECOND.

» Je crois n'avoir pas besoin de vous recommander
» qu'en commençant et achevant vos journées, vous
» devez vos premières et vos dernières pensées à DIEU,
» sans lequel vous ne pouvez rien.

» Dans toutes vos peines et les petits chagrins qui
» pourront vous assaillir, recourez à Lui par quelques
» ferventes prières, et vous y puiserez une force au-
» dessus de toutes celles que vous pouvez même ima-
» giner.

ARTICLE TROISIÈME.

» Je crois n'avoir pas besoin de vous inculquer une
» fidélité sans bornes à votre légitime Souverain, d'au-
» tant plus qu'il est le bienfaiteur de votre père et par
» conséquent le vôtre. N'écoutez jamais qu'avec les
» signes de la désapprobation tous les mauvais propos
» qu'on pourrait tenir en votre présence contre *l'au-*
» *guste Maison de saint Louis ! »*

ARTICLE QUATRIÈME.

» Vous devez payer, par une soumission pleine et
» entière, les soins que vos supérieures vont prendre
» de vous ; les regarder comme de seconds parents et
» leur ouvrir surtout votre cœur, parce que cette con-
» fiance leur prouvera le cas que vous faites de leurs
» leçons et vous sera à vous-même d'un grand adou-
» cissement. Ne partagez jamais les murmures, les
» plaintes et même les petits complots de vos compa-
» gnes, et si vous aviez vous-même quelques plaintes

» légitimes à porter, confiez-les directement à vos su-
» périeures sans aigreur et sans amertume.

ARTICLE CINQUIÈME.

» Quand vous serez à l'église, songez que vous êtes
» en présence de la Divinité, et que votre extérieur
» prouve en tout l'abandon et le grand respect que
» vous lui devez.

ARTICLE SIXIÈME.

» Distinguez-vous par une très grande propreté sur
» votre personne. Le Sage de l'Écriture a dit que la
» propreté est le miroir de l'âme. Mais évitez soigneu-
» sement tout ce qui sent l'affectation, la recherche et la
» coquetterie ; la simplicité est la plus belle parure
» d'une femme délicate, raisonnable et bien élevée.

ARTICLE SEPTIÈME.

» Soyez bien assidue à vos occupations, au travail et
» aux leçons qu'on vous donnera ; songez que si les
» commencements en sont peut-être un peu difficiles,
» vous y trouverez dans la suite des jouissances infi-
» nies ; la paresse et le désœuvrement tuent l'âme, tan-
» dis que l'étude l'élève et la nourrit.

ARTICLE HUITIÈME.

» Comme vous serez séparée de vos sœurs, je vous
» exhorte fortement à vous écrire mutuellement chaque
» semaine en langue allemande, que vous ne devez
» jamais oublier ; vous trouverez sûrement dans votre
» cœur un pressant motif de donner souvent de vos
» nouvelles à des parents qui vous chérissent si ten-

» drement. Songez aussi combien ces parents seront
» transportés de joie, quand ils apprendront que vous
» avez répondu dignement aux soins et aux peines
» qu'ils se sont donnés pour vous.

> » Votre affectionné père,
> » le Chevalier de MULLER.
> » Votre tendre et bien-aimée mère,
> » Marie-Thérèse de MULLER,
> » née Baronne de MANNAGETTA.

> » Marckolsheim le 12 février 1828. »

Quel que fût son désir d'être fidèle aux recommandations paternelles, la petite Mathilde restait triste loin de sa mère ; ses larmes coulaient souvent et l'on craignait qu'elle ne s'habituât pas à la vie de pension, lorsqu'un accident vint mettre un terme à une séparation qui lui était si pénible.

Un jour, une de ses compagnes, dans un mouvement d'impatience, la poussa dans un escalier : l'enfant fit une chute grave ; il fallut la rappeler sous l'aile maternelle au grand profit de sa santé, qui s'altérait loin des tendresses dont sa petite âme aimante ne pouvait se passer.

De retour près de sa mère, Mathilde continua son éducation sous ce regard aimé ; laissant paraître ses sœurs, elle se cachait derrière elles et renfermait dans son cœur les grands dons que Dieu y avait déposés ; elle n'aimait ni le monde, ni la parure ; l'ensemble de sa personne était digne et réservé ; son bonheur était de tenir compagnie à sa mère infirme.

II.

Mademoiselle Mathilde de Müller avait vingt-et-un ans lorsqu'elle épousa, le 13 novembre 1848, Monsieur Théodore Mertian, qui, pendant 36 ans, devait être le premier auxiliaire de ses bonnes œuvres et le digne émule de ses vertus.

M. Mertian emmena sa jeune femme en Alsace, où demeurait son vieux père. C'est là que se développèrent les belles qualités dont Dieu s'était plu à l'orner.

Il est des âmes dont les traits saillants se révèlent dès le jeune âge et font présager ce qu'elles seront plus tard, c'est l'aurore s'illuminant de clartés en clartés jusqu'aux splendeurs du plein midi ; d'autres mûrissent dans l'ombre, le silence, puis tout-à-coup jettent un éclat inattendu et d'autant plus durable qu'il est le fruit d'un travail lent et sérieux. Madame Mertian était de ces dernières, et l'on peut dire que l'époque de son mariage fut celle du complet épanouissement de ses brillantes qualités.

Dieu ne tarda pas à donner à la jeune femme la bénédiction du foyer domestique ; lorsque, quinze mois après son mariage, Mme Mertian tint dans ses bras sa petite Mathilde, sa joie fut indicible ; il lui sembla qu'une seconde âme était ajoutée à la sienne, et désormais elle ne songea plus à vivre que pour son enfant. Madame de Müller avait remarqué que toutes les personnes de sa famille qui portaient le nom de Thérèse avaient eu leur vie traversée de croix et d'épreuves comme leur patronne, la sainte réformatrice du Carmel ;

elle voulut soustraire sa petite-fille à ce patronage sanctifiant mais sévère, et demanda qu'on ne l'appelât point Marie-Thérèse ; nous verrons comment plus tard la sainte sut reprendre ses droits.

C'est à cette époque que M. Mertian entra dans la magistrature. Après un séjour de quelques mois à Einsisheim, la famille s'installa à Wœrth. Là M. Mertian fut appelé par ses concitoyens à les représenter au Conseil général du Bas-Rhin.

Wœrth était un petit bourg dépourvu de ressources et même d'habitation convenable ; aussi le préfet, ayant eu occasion de s'y arrêter et de descendre chez Monsieur Mertian, comprit de suite qu'il était nécessaire de donner au jeune ménage un champ d'action plus vaste, où Mme Mertian pût répandre les trésors de pieuse activité dont il avait entendu parler dans le pays. En prenant congé d'elle, il lui dit : « Pauvre jeune femme, je vous ferai sortir de ce trou. »

En attendant la réalisation de cette promesse, M. et Mme Mertian s'installèrent plus confortablement à Frœschviller, bourg voisin de Wœrth. C'est là que Mme Mertian commença la mission apostolique qu'elle devait étendre si loin plus tard.

Dans la même maison habitait une famille dont le père était protestant et la mère catholique ; trop condescendante envers son mari, la jeune femme avait donné tous ses enfants à la religion de leur père, mais elle avait vu la mort les lui ravir l'un après l'autre ; il ne lui en restait plus qu'un seul, âgé de quelques mois.

Le pauvre petit tomba malade à son tour et fut bientôt en danger de mort. Mme Mertian, désolée de voir que cet enfant allait aussi quitter ce monde sans baptême, offrit à sa mère de le garder pendant qu'elle irait se reposer ; mais le pasteur protestant installa près du berceau sa domestique, lui défendant de perdre l'enfant de vue un seul instant.

Mme Mertian, fort embarrassée de cette surveillance, ne savait comment faire pour empêcher le malheur ; il fallait se hâter, l'étreinte de la mort saisissait déjà le pauvre petit.

Elle sort de la chambre, prend dans le creux de sa main quelques gouttes d'eau, revient près du berceau, se penche sur l'enfant comme pour l'embrasser, et verse sur son front l'eau régénératrice en prononçant les paroles qui vont lui ouvrir le paradis ; le petit malade lève alors les yeux sur sa bienfaitrice, lui sourit et s'envole auprès de ses frères du ciel.

Mme Mertian n'oublia jamais le regard et le sourire de cet enfant, et le souvenir de ce baptême lui laissa une impression bien profonde. Elle s'empressa d'aller retrouver la pauvre mère, afin de la consoler dans son cruel chagrin, mais la jeune femme était inconsolable : « Si du moins il était mort baptisé, s'écria-t-elle ; mais » je perds mes enfants pour le temps et pour l'éter- » nité ! »

Le Dieu de miséricorde avait prévu ce cri de repentir et de douleur. Lui qui jadis avait envoyé un ange à l'infortunée Agar pleurant Ismaël, permit que la malheureuse mère trouvât aussi l'ange consolateur qui allait adoucir l'amertume de ses larmes en lui montrant son fils devenu, par le baptême, enfant de Dieu.

« Eh bien, reprit Mme Mertian, émue jusqu'au fond
« de l'âme, bénissez Dieu qui vous accorde l'espérance
» de retrouver un jour ce petit ange au paradis ; je l'ai
» baptisé moi-même ; maintenant il prie pour vous....
» Écoutez le cri de votre conscience : si vous continuez
» à oublier vos devoirs de catholique en abandonnant
» vos enfants à l'hérésie, vous ne les élèverez pas,
» mais si vous promettez à Dieu qu'à l'avenir tous
» seront catholiques, il remplacera ceux qu'il vous a
» enlevés, et vous aurez la joie de les conserver. »

L'accent convaincu de Mme Mertian frappa la pauvre mère ; elle promit que si Dieu lui donnait d'autres enfants, ils seraient tous catholiques, et le Seigneur, tenant compte de sa sincérité et de la foi profonde de sa consolatrice, lui donna une nombreuse famille qui devint sa joie et son bonheur.

Pendant son séjour à Wœrth, Mme Mertian mit au monde un fils qui devait être aussi pour elle une source de félicités maternelles par ses qualités sérieuses, son amour de la religion, de l'honneur et du devoir (1).

Peu de temps après, elle apprit que sa mère touchait à ses derniers moments ; aussitôt elle partit pour Lunéville, mais, hélas ! quel que fût son empressement, elle arriva trop tard ! Ce fut pour elle un grand chagrin dont elle entretenait souvent ses enfants.

En 1854, M. Mertian fut nommé juge de paix à

---

1. Les enfants de M. Mertian furent autorisés, par décret, en date du 13 juin 1877, à joindre à leur nom celui de leur grand'père maternel, en qui s'éteignait le nom de de Müller.

Schiltigheim, près de Strasbourg.

Ce fut dans cette ville que Mme Mertian trouva, en la personne du R. P. A. Jenner, de la Compagnie de Jésus, un directeur sage et éclairé, sous la conduite duquel son âme s'ouvrit toute grande aux clartés de la vie de foi ; elle adopta un règlement qu'elle suivit fidèlement : levée chaque matin de bonne heure, elle se rendait à la messe, faisait fréquemment la sainte communion et s'adonnait à l'exercice de l'oraison ; là, elle puisait lumière et force pour accomplir ses devoirs de chaque jour ; sa confiance en la Sainte Vierge était sans bornes; aussi mit-elle spécialement sous la protection de cette bonne Mère l'éducation de ses enfants, qui était pour elle d'une importance suprême, au point de vue de la foi plus encore que des intérêts temporels.

Ses enfants ! elle voyait surtout en eux des âmes créées à l'image de Dieu, confiées par Lui à sa sollicitude ; ils appartenaient à leur Créateur avant d'être à elle ! En faire de vrais chrétiens, telle fut sa principale, on pourait dire son unique préoccupation.

Dès qu'ils purent prononcer quelques paroles ; elle leur apprit à prier ; elle établit cette pratique si chrétienne de la prière du matin et du soir en famille lorsqu'ils furent assez grands pour la comprendre ; elle cherchait à leur inspirer des pensées pieuses proportionnées à leur âge, leur enseignait la pratique des petits sacrifices quotidiens, l'amour des pauvres et surtout la dévotion à la Sainte Vierge.

Elle leur apprenait en un mot à contracter de bonne heure des habitudes fortes et chrétiennes, à mener une vie simple, ne voulant pas que la mollesse de leurs corps pût affaiblir la trempe de leurs âmes. Elle les surveillait dans leurs études, se mêlait même à leurs jeux ; bref elle savait tout mettre à profit pour développer en eux cette foi vive qui, sous l'influence de l'exemple et de la parole maternelle, naît avec les premiers sentiments et les premières pensées, et que rien ne peut plus arracher du cœur et de l'esprit.

En 1860, la pieuse mère fut réjouie par la naissance d'un second fils, dont les précieuses qualités se firent remarquer dès l'enfance. Léon avait une nature très ardente ; aussi son éducation devait-elle coûter à sa mère plus de labeurs que celle de ses deux aînés ; mais ses efforts et sa vigilance furent couronnés d'un plein succès et, du haut du ciel, elle doit voir avec bonheur l'enfant de ses sollicitudes conserver fidèlement les principes de vertu et d'honneur qu'elle lui a inspirés dans son enfance.

La confiance de Mme Mertian en la protection de la Très-Sainte Vierge fut récompensée en faveur de ce fils d'une manière toute miraculeuse.

Un jour, le petit Léon, âgé de 15 mois, était descendu dans la rue conduit par sa bonne, qui l'oublia un instant ; tout-à-coup survient un char-à-bancs chargé de vingt-trois personnes ; l'enfant est renversé, jeté sous les pieds des chevaux, et les roues du char lui passent sur le corps.

Aux cris de la bonne et des passants, M. Mertian accourt et trouve son fils inanimé ; la mère désespérée fait vœu de porter elle-même l'enfant au pèlerinage de

Marienthal s'il conserve la vie ; or, chose impossible à expliquer naturellement, les vêtements de Léon avaient été coupés par les roues qui avaient passé sur lui, mais les chairs n'avaient pas été entamées !

Les médecins, appelés en toute hâte, restèrent stupéfaits : ils constatèrent qu'aucune lésion ne s'était produite, qu'il n'y avait même pas de foulure ! Cependant, par prudence, ils ordonnèrent l'immobilité absolue pendant plusieurs semaines. L'enfant, ne ressentant aucune douleur, ne put s'y soumettre, et l'heureuse mère eut la joie de le porter elle-même à Marienthal quinze jours après ; elle le tint dans ses bras jusqu'à la sainte Table où, le serrant sur son cœur, elle le fit bénir par le divin Fils de Marie qui lui avait miraculeusement sauvé la vie.

La question de l'éducation des enfants est toujours importante ; de nos jours surtout, elle est fondamentale ; il peut donc être utile aux Agrégées de l'Adoration Réparatrice d'en étudier un excellent modèle ; aussi allons-nous, en toute simplicité, citer quelques passages des souvenirs d'enfance de la fille de notre regrettée sœur.

« Peu de temps après notre installation à Schilti-
» gheim, la santé de ma mère fut gravement atteinte ;
» elle était en proie à une sorte de langueur qui
» l'empêchait de vaquer à ses occupations ordinaires.
» Ne pouvant plus guère s'occuper de nous, et ne
» voulant pas nous laisser au contact d'autres enfants,
» elle nous confia à une maîtresse fort capable et
» d'un grand dévouement, chez laquelle nous passions
» nos journées entières. Nous nous ennuyions fort che

» notre bonne institutrice ; aussi, pour nous faire pren-
» dre l'épreuve en patience, ma mère nous promit-elle
» de nous raconter chaque soir deux histoires qu'elle
» disait avoir lues exprès pour nous ; elle les impro-
» visait dans le but de nous faire aimer la vertu et haïr
» le vice ; elle s'appliquait surtout à montrer la protec-
» tion de la Sainte Vierge sur les enfants qui la
» prient ; sa parole sur ce sujet avait tant d'onction
» qu'elle pénétrait au plus profond de nos jeunes âmes.

» Quand nous avions commis quelque méfait, elle
» ne manquait pas le lendemain de nous dire : —
« Oh ! mes enfants, quelle affreuse histoire j'ai lue au-
» jourd'hui ! — Puis elle retraçait, au milieu de mille
» péripéties émouvantes, la faute que nous avions com-
» mise, et l'histoire se terminait par une punition
» exemplaire ou par la conversion de l'enfant coupable.
» Bien des fois le vrai coupable fondait en larmes et
» promettait de ne plus retomber dans un si vilain
» défaut!

» Ces moyens ont été si efficaces que le souvenir,
» après bien des années, en est encore vivant dans ma
» mémoire. Elle nous inspirait surtout une aversion
» profonde pour le mensonge ; elle ne tarissait par sur
» ce sujet, désirant nous faire prendre ce défaut en
» horreur.

» Tous les soirs on faisait la prière en commun et
» l'on disait trois dizaines de chapelet ; quand l'un de
» nous avait commis quelque faute plus grave, on ajou-
» tait une prière pour en demander pardon à Dieu.
» Oh ! combien cela nous impressionnait ! Quelquefois

» ma mère ne pardonnait pas le jour même (elle aurait
» craint, sans doute, une trop prompte récidive); alors
» le châtiment le plus redouté nous attendait : quand
» nous nous approchions d'elle pour lui baiser la main
» (jamais elle ne permettait à ses enfants de l'embras-
» ser au visage, disant que ce n'était pas assez respec-
» tueux), quand, dis-je, nous nous approchions d'elle
» en tremblant : « Monsieur ou Mademoiselle, nous
» disait-elle, vous pouvez aller vous coucher, vous ne
» baiserez pas ma main ce soir. » Quel coup de foudre
» qu'une telle sentence, et combien de larmes elle arra-
» chait au coupable !

» Elle disait souvent qu'il fallait habituer de bonne
» heure les enfants au dévouement, et, pour m'y exer-
» cer, elle m'envoyait bercer mon jeune frère Léon
» pendant de longues heures ; souvent le sommeil se
» faisait attendre ; alors, revenant désespérée vers ma
» mère : —«Il ne veut pas dormir, disais-je. » — « Eh!
» bien, prie la Ste Vierge de t'aider, » me répondait-elle,
» en me renvoyant impitoyablement à mon poste. »

C'est surtout à l'approche de la première Communion de sa chère Mathilde que Mme Mertian déploya
toute sa vigilance maternelle pour la préparer à ce
grand acte. Une année durant, elle lui fit chaque soir
réciter une prière spéciale en vue d'obtenir la grâce de
bien faire sa première Communion.

Au retour de la campagne, en automne 1862, le jour
de l'ouverture des catéchismes, elle demanda à la maîtresse de sa fille de supprimer chaque jour une récréa-
tion et de lui faire lire pendant ce temps la vie des

Saints, parce que,disait-elle, les petites filles de cet âge parlent trop légèrement de la première Communion, se réjouissent des cadeaux, de la toilette, etc., etc.. Elle ne voulait pas que son enfant entendît de ces conversations, qui eussent pu porter atteinte à la pureté de ses désirs et à la ferveur de sa préparation.

Tous les soirs en rentrant à la maison, Mathilde allait auprès de sa mère et lui rendait compte de l'emploi de la journée, des notes obtenues, et surtout des petits sacrifices qu'elle s'était imposés pour se préparer au grand acte qu'elle allait accomplir.

Lorsque ces sacrifices étaient trop faibles, la pieuse mère engageait son enfant à demander du pain sec pour son goûter du lendemain. Le jeune Lucien était très intrigué des secrets que sa mère disait chaque soir à sa grande sœur, car l'examen se terminait toujours par une exhortation ; on lui promit qu'il serait admis à partager cette faveur s'il consentait à faire chaque jour quelques sacrifices au bon Dieu. La condition remplie, le jeune frère fut autorisé à se joindre à sa sœur et à venir déposer dans le cœur de sa mère ses petites confidences de la journée.

Madame Mertian, l'année de la première Communion de sa fille, l'engagea encore à ne pas laisser passer un repas sans faire une petite mortification, qui devait être plus considérable le vendredi. Jamais, pendant le Carême, elle n'eût permis à ses enfants de prendre une friandise.

« Souvent, quand nous nous trouvions seules pen-
» dant l'hiver, lisons-nous dans les notes de sa fille, ma

» mère me disait : « Laisse tes jeux, mon enfant, et
» viens près de moi ; nous allons parler de ta première
» Communion. » Alors elle dépeignait en termes si
» brûlants la joie que l'on éprouve en recevant Notre-
» Seigneur, que je finissais toujours par fondre en lar-
» mes et par trouver bien long le temps qui me sépa-
» rait d'un si beau jour ! Cette année-là, elle m'em-
» menait plus souvent chez les pauvres et me char-
» geait de leur distribuer moi-même ses aumônes.....
» Pendant ma retraite, elle eut soin de me mettre pen-
» sionnaire pour m'épargner les distractions qu'auraient
» pu causer les allées et venues du couvent à la mai-
» son ; chaque jour elle venait me voir, afin de se ren-
» dre compte si l'on me préparait bien et si je me ré-
» jouissais, car elle désirait beaucoup que ma piété fût
» joyeuse, spontanée ; c'était à ses yeux une garantie
» de persévérance. »

Notons en passant un détail, puéril en apparence,
mais qui dépeint bien la sollicitude de cette mère chrétienne pour garder intacte la pureté de cœur de son
enfant. Craignant d'exciter en elle le moindre sentiment de vanité, elle ne lui fit pas même essayer sa
robe de première Communion !

Mais reprenons le récit de sa chère Mathilde.

« En entrant à la cathédrale, ma mère me récom-
» manda de ne pas chercher à voir mes parents, ni qui
» que ce fût autour de moi ; elle me désigna seulement
» sa place, me disant de la regarder après mon action
» de grâces pour qu'elle pût voir si j'étais heureuse.
» Elle avait écrit mon nom sur le cierge que je devais

» porter à l'autel afin de pouvoir le réclamer, disant :
« Ce cierge brûlera au chevet de mon lit de mort. » En
» effet, elle le demanda au moment de recevoir l'ex-
» trême-onction et il brûla près d'elle à son dernier
» soupir.

» Ma mère ne permit pas qu'on me donnât en ce
» beau jour les présents qui m'étaient destinés. Elle
» craignait que ce fût pour moi une cause de pensées
» futiles et de distractions. — Deux jours après, elle
» m'apprit que j'aurais encore le bonheur de commu-
» nier le lendemain. A ce propos, elle me demanda si
» j'avais quelque chose à me reprocher. Je lui racon-
» tai que, le jour de ma première Communion, j'avais
» entendu une de mes cousines dire que ma toilette
» m'allait très bien et que, quelques instants après, me
» trouvant seule, je m'étais regardée dans une glace
» pour voir si c'était bien vrai. Alors ma mère prit un
» air consterné, me montrant combien j'avais eu tort
» de sacrifier à la vanité en un pareil jour, puis elle me
» conduisit à confesse.

» Le lendemain, elle réunit à dîner douze petites
» filles pauvres, de celles qui avaient fait leur première
» Communion avec moi, et je les servis à table avec
» elle et mon père. C'est ainsi que notre mère mettait
» à profit les événements ordinaires, comme aussi les
» plus solennels de la vie, pour graver dans nos âmes
» de vifs sentiments de foi envers Dieu, de charité en-
» vers les pauvres. »

Nous voyons par là que Mme Mertian ne se renfermait pas tellement dans ses devoirs de mère de famille, qu'elle oubliât ses obligations envers les membres souffrants de Jésus-Christ. Elle les visitait soit chez eux, soit à l'hôpital, alors surtout que, moins retenue dans son intérieur, en raison de l'éloignement de ses enfants, elle put s'adonner davantage aux œuvres de charité.

En 1863, les fonctions de M. Mertian, l'obligèrent de fixer sa résidence à Mulhouse ; Mathilde demeura au couvent de Notre-Dame à Strasbourg, Lucien fut mis au collège des Jésuites de Metz et le petit Léon suivit seul ses parents.

Ce fut alors que Mme Mertian eut toute liberté d'exercer son zèle infatigable, et elle trouva bientôt de nombreuses occasions de répandre cette charité qui débordait de son âme ardente. De cet admirable trésor de foi et d'amour que Dieu lui avait prodigué dans une si grande mesure, naquirent ses deux œuvres de prédilection, différentes d'aspect, mais tendant toutes deux au même but : le salut des âmes. Régulariser les unions illégitimes parmi les pauvres, et soutenir les vocations sacerdotales ; telles furent les œuvres auxquelles elle se consacra tout entière. La pensée qu'une âme peut se complaire et vivre en état de péché mortel, était pour Mme Mertian une intolérable pensée ; aussi fut-elle profondément attristée, en arrivant à Mulhouse, à la vue de la lèpre qui rongeait cette grande cité.

Mulhouse, où le protestantisme dominait encore, était le refuge d'un grand nombre d'ouvriers allemands et suisses, qui trouvaient dans cette ville industrielle des moyens d'existence, mais y vivaient dans l'inconduite. Dans ces immenses quartiers connus sous le nom de « Cités ouvrières,» le vice faisait de nombreuses victimes. La grande raison de ce désordre était la difficulté d'obtenir les papiers nécessaires à la célébration du mariage.

On sait que, dans la plupart des États allemands, le mariage des pauvres est fort difficile, car chaque commune est obligée de pourvoir à l'entretien des familles déshéritées. Les municipalités évitent de favoriser le mariage des indigents pour ne pas en augmenter le nombre, et dans ce but elles refusent absolument de délivrer les pièces dont ils ont besoin à ceux qui ne peuvent acheter le droit de bourgeoisie.

C'est ainsi que tant d'ouvriers émigrés en Alsace se trouvent dans l'impossibilité de régulariser leur position. Les efforts tentés jusque-là pour remédier à cet état de choses étaient restés infructueux, mais le zèle de Mme Mertian ne connaissait pas d'obstacles ; elle résolut d'employer toute l'activité de sa charité intelligente à cette œuvre de moralisation chrétienne.

Le triple but qu'elle se proposait était de régulariser les unions illicites, de faire recevoir le sacrement de mariage à ceux qui, ayant contracté une alliance mixte, n'avait reçu que la bénédiction du pasteur protestant, enfin de faire légitimer et baptiser les enfants.

Cette fervente chrétienne trouvait en son mari un infatigable auxiliaire. Monsieur Mertian se chargeait de correspondre avec les autorités allemandes ; il s'employait à faire toutes les demandes nécessaires et mettait tout son zèle à ce que tant et de si délicates démarches

pussent réussir. Le plus souvent les difficultés étaient
levées, grâce au bienveillant concours du parquet de
Mulhouse, des consuls et des autorités municipales.
Madame Mertian recevait chaque jour, à des heures
déterminées, tous ceux qui se présentaient ; la clientèle
était nombreuse et souvent peu attrayante ; elle prenait
note de la position de chacun, surtout au point de vue
moral et religieux, des embarras, des ennuis que pouvait avoir celui-ci ou celui-là ; et ces pauvres malheureux, touchés de l'intérêt qu'elle leur témoignait, s'en
allaient déjà remués, ébranlés jusqu'au fond de l'âme.
Dans les cités ouvrières qu'elle visitait journellement,
les ouvriers ne la connaissaient que sous le nom de la
« Dame de la Porte haute », du nom du quartier qu'elle
habitait.

Rien n'effrayait le courage de leur protectrice ; lorsque
les obstacles paraissaient insurmontables, elle partait
pour l'Allemagne dans l'espoir d'obtenir les papiers
indispensables, ou de retrouver quelque enfant aban-
donné aux mains des protestants. C'est ainsi qu'elle fit
plusieurs voyages dans le Wurtemberg, dans la Bavière
et dans le grand-duché de Bade. Elle y multipliait les
démarches, les instances, employait le crédit de son
amabilité, de l'estime qu'elle inspirait, et presque toujours elle avait la satisfaction de réussir.

Mais si Mme Mertian parvenait à de si consolants
résultats, ce n'était point sans dangers ni désagréments.
Elle ne se contentait pas, en effet, de réunir chez elle
les pauvres gens qui se présentaient ; elle cherchait
jusque dans leur demeure ceux que l'insouciance ou la

mauvaise volonté empêchaient de recourir à ses charitables services.

Accompagnée d'une vieille servante munie d'une
lanterne, elle partait souvent le soir, et allait, comme le
divin Maitre, à la recherche de la brebis égarée, faisant
des avances, essuyant des refus, ne s'effrayant pas des
menaces, finissant presque toujours par ramener dans
le chemin du devoir ces pauvres âmes dévoyées.

Un jour la généreuse chrétienne entendit parler
d'une troupe de Bohémiens installée aux portes de la
ville ; elle chercha à les attirer chez elle, pressentant
qu'il devait y avoir là une ample moisson à faire. La
tâche était difficile, car ces pauvres familles nomades
à peine civilisées n'avaient aucune connaissance de la
religion. Elle commença par gagner leur estime et leur
affection, puis, se sentant maîtresse du terrain, elle
organisa, avec le concours d'un pieux ecclésiastique, des
leçons de catéchisme auxquelles prirent part les enfants
et les parents.

Bientôt les âmes s'ouvrirent à la grâce et tous de-
mandèrent les sacrements. La difficulté pour les leur
accorder était de légitimer leurs unions. Comment
passer par-dessus les formalités civiles, impossibles à
remplir pour des gens qui n'avaient ni papiers ni do-
micile légal ? Mme Mertian ne se découragea pas ; elle
pressa son mari de multiplier ses démarches ; elle-
même sollicita, intercéda auprès des uns et des autres
pour ses protégés, et bientôt elle eut la joie de surmonter tous les obstacles.

Après trois mois de labeurs, les cinquante Bohémiens

recevaient le même jour, d'un charitable curé des environs de Mulhouse, les sacrements de baptême, d'eucharistie et de mariage. Un maire, non moins obligeant, avait procédé la veille aux unions civiles. Ces pauvres gens, tout émus et remplis d'une joie inconnue à leurs âmes, autrefois fermées à ces douces émotions, ne savaient comment remercier leurs bienfaiteurs.

Le soir de ce jour solennel, ils eurent l'idée d'aller donner une sérénade sous les fenêtres de Mme Mertian pour lui témoigner leur reconnaissance. Grand fut l'émoi dans le voisinage, et cette aventure faillit causer de vrais ennuis à la charitable « dame de la Porte haute »; les voisins effrayés se plaignirent de ce que Mme Mertian attirait chez elle tous les vagabonds du pays; on alla jusqu'à dire que la sécurité du quartier en était compromise.

Une chrétienne moins ardente, moins résolue, aurait pu se laisser intimider par ces murmures. Les plaintes ne tardèrent pas d'ailleurs à s'apaiser; elles se transformèrent bientôt en louanges de la part des personnes bienfaisantes qui eurent connaissance du fait.

La statistique des unions ainsi légitimées n'a pas été conservée, mais les souvenirs des ecclésiastiques qui ont participé à ces travaux vraiment apostoliques, en portent le chiffre à plusieurs centaines ; celui des enfants baptisés et légitimés n'est pas inférieur.

Pour être complet, il faudrait pouvoir énumérer toutes les conversions de protestants et même d'israélites qui, touchés d'un tel dévouement, embrassèrent avec sincérité le catholicisme.

On conçoit facilement les regrets du clergé, de toutes

les familles catholiques et surtout des pauvres de Mulhouse, lorsque M. Mertian fut nommé à Strasbourg, en mars 1867, et que sa digne compagne dut quitter une ville où elle avait fait tant de bien en quatre années seulement ! Aussi lorsque Mgr Rœss, évêque de Strasbourg, vint apporter la décoration de Pie IX à Monsieur Mertian, comme une récompense accordée par l'Église à son dévouement, le vénérable Prélat, s'adressant à sa digne émule, lui dit : « S'il y avait une décoration « pour les femmes, le T.-S. Père vous l'eût certaine- » ment envoyée, Madame, mais c'est le bon Dieu qui » se chargera de vous décorer. »

A peine installée dans sa nouvelle résidence, Madame Mertian, toujours pénétrée de pensées de foi, voulut faire habiter Jésus-Christ sous son toit en la personne des pauvres.

Une amie lui céda un petit appartement communiquant avec le sien ; elle y installa deux vieillards infirmes ; l'un était manchot, l'autre ne pouvait plus marcher et était couvert de plaies. Tous les matins, Madame Mertian allait elle-même faire le ménage des pauvres vieux, les lavait, les peignait, leur donnait tout ce dont ils pouvaient avoir besoin, et pansait les ulcères repoussants de celui qui était alité.

Les efforts qu'elle fit pour vaincre son dégoût durent être héroïques, car elle avait à surmonter la répugnance instinctive que lui causait la vue des plaies. Souvent ses enfants la surprirent lavant à genoux les linges qui avaient servi aux pansements ! Elle ne permettait à personne d'y toucher, tant son esprit de foi lui faisait

considérer comme un honneur de servir Notre-Seigneur en ses membres souffrants. Elle veillait avec grand soin à leur nourriture. Un jour que la cuisinière ne les avait pas assez bien traités, Mme Mertian l'en reprit sévèrement: « Nos pauvres, lui dit-elle, sont les repré-
» sentants de Notre-Seigneur chez nous ; j'entends que
» vous les serviez avec non moins de soin que vos
» maîtres. »

On apportait souvent la Ste Communion à celui qui était infirme ; Mme Mertian l'y préparait avec une sollicitude maternelle, lui suggérant de pieuses pensées, l'aidant à faire son action de grâces. Les jours où le Saint Sacrement devait traverser les appartements, dès six heures du matin, toute la famille était prête, et, sur le passage de Notre-Seigneur, tout était orné avec le plus grand soin. Elle tenait à ce que ses enfants assistassent à cette touchante cérémonie ; et elle les faisait s'agenouiller auprès du lit du bon vieux, demandant au prêtre de les bénir avec la Sainte Hostie.

Tous les jours, elle faisait la lecture à ses chers pauvres, récitait avec eux le chapelet et quelques prières, enfin leur procurait tous les secours spirituels dont ils pouvaient avoir besoin, sans oublier toutefois les petites douceurs auxquelles les vieillards sont sensibles. Aussi en était-elle aimée à tel point que, lorsque le bombardement de Strasbourg la força de s'en séparer, l'un d'eux mourut de chagrin au bout de quelques jours.

Malgré ses nombreuses occupations de charité, Mme Mertian trouvait encore le temps de travailler pour les églises pauvres. Le culte extérieur lui était particulièrement cher, elle souffrait de voir les églises mal tenues, les autels négligés et comme abandonnés.

Il lui arriva maintes fois d'orner et de balayer elle-même les chapelles délaissées qu'elle visitait soit en Suisse, soit dans la Forêt-Noire, où elle passait les vacances avec ses enfants.

Elle attachait un prix immense à l'acte par excellence de notre sainte religion : l'auguste sacrifice des autels. La sainte messe était, à ses yeux, l'acte suprême devant l'importance duquel tout s'effaçait ; son bonheur était d'y coopérer autant qu'elle le pouvait en brodant des ornements sacerdotaux, et en fournissant aux églises pauvres les objets nécessaires au culte. Jusque dans sa dernière maladie, alors que l'aiguille lui tombait presque des mains, elle persista, malgré la douleur qu'elle en ressentait, à vouloir achever un ornement pour les missions d'Afrique.

Mais son zèle, sa charité, ne se bornaient pas aux objets du culte ; elle avait encore plus à cœur le salut des âmes, et l'œuvre des vocations ecclésiastiques était celle qu'elle préférait et recommandait par-dessus tout. Elle aurait été au comble de ses vœux si elle eût pu donner ses propres fils ! Elle ne cessait de faire dire des messes à cette intention, mais Dieu avait d'autres desseins sur eux et il se contenta de ses pieux désirs.

Pour répondre à cette soif ardente qu'elle avait d'offrir à Dieu des âmes sacerdotales, Mme Mertian avait recueilli chez elle, à côté des deux vieillards, quelques jeunes gens pauvres qui suivaient comme externes les classes du petit séminaire, et formaient ainsi une petite école de clercs.

La vieille servante, auxiliaire dévouée des bonnes œuvres de sa pieuse maîtresse, était chargée du soin et de la surveillance de ces enfants ; mais Mme Mertian s'en occupait elle-même avec une grande sollicitude ; aimée et obéie comme une mère, elle traitait ces enfants comme les siens, leur témoignait une égale tendresse et veillait à tous leurs besoins matériels. Elle leur avait donné un règlement en rapport avec leur âge et leurs études, et exigeait qu'il fût fidèlement suivi.

Elle les prépara à la première Communion, qu'ils firent au petit séminaire ; afin de graver plus profondément dans leur esprit le souvenir de ce beau jour, elle réunit leurs parents à sa table, les traitant comme sa propre famille. Lorsqu'après la guerre il fallut quitter Strasbourg, Madame Mertian proposa aux enfants de les emmener. L'un d'eux refusa, ne pouvant se décider à quitter le sol natal. Ce fut un véritable chagrin pour sa pieuse bienfaitrice ; les autres la suivirent et elle en confia plusieurs à l'école apostolique des RR. PP. Jésuites d'Amiens. De douloureuses déceptions furent la récompense de son dévouement : sur ces six enfants, cinq retournèrent dans le monde, un seul persévéra, et, par sa ferveur, dédommagea le cœur de sa mère d'adoption ; devenu prêtre, il est maintenant par son zèle un des membres les plus distingués du clergé d'Alsace.

Ces insuccès firent renoncer Mme Mertian à élever elle-même des enfants ; il lui parut préférable de fonder des bourses dans les séminaires, les congrégations religieuses ou chez les curés de campagne. Elle faisait cela sous le regard de DIEU seul, usant de la liberté que M. Mertian lui avait accordée avec la plus délicate générosité, d'employer une partie de ses revenus personnels à faire les bonnes œuvres que DIEU lui suggérait.

C'est seulement lorsque la nouvelle de sa mort se répandit, que les lettres des supérieurs de Séminaires, de communautés et de différents ecclésiastiques, firent connaître avec quelle libéralité Mme Mertian avait exercé son œuvre de prédilection ; peut-être même n'en connaîtrons-nous jamais toute l'étendue ; l'éternité nous révélera le bien accompli par cette femme admirable et par les générations de prêtres qui se perpétueront d'âge en âge, grâce à sa charité. Nous aurons occasion, au courant de cette notice, de revenir sur son zèle pour les vocations sacerdotales ; retournons une fois encore à Strasbourg avant de dire un dernier adieu à cette ville, qu'elle devait quitter à la suite des malheureux événements de 1870.

Les progrès dans la vie intérieure de Mme Mertian marchaient de pair avec le développement de ses œuvres de charité : c'est dans son union avec DIEU qu'elle puisait le zèle nécessaire pour le faire connaître et aimer.

Ne comptant pas sur elle-même, s'appuyant uniquement sur la grâce divine, elle n'agissait point par une activité téméraire et personnelle, mais par l'impulsion de l'Esprit-Saint. Nous verrons comment, dans les dernières années de sa vie, alors qu'elle s'était élevée plus haut encore, elle se reprochait sévèrement ce qui, à son insu, avait pu se mêler de naturel, d'action propre dans ses œuvres de charité. Elle était sur ce point d'une délicatesse admirable et comprenait combien, pour ne rien ravir à Dieu de sa gloire, il fallait rester un instrument docile entre ses mains.

Elle savait aussi que le moyen de réussir dans la conversion des âmes, c'est de souffrir pour elles ; afin d'y parvenir, elle ne négligeait aucune des pratiques de mortification extérieure conseillées par les maîtres de la vie spirituelle. Ce qui ravissait en elle à côté de la vertu solide, c'était sa simplicité, son amabilité, son entier oubli d'elle-même. Jamais elle ne parlait de ses bonnes œuvres, des services qu'elle rendait ; tout était pour Dieu seul, rien pour la vaine gloire, rien pour elle ; s'effacer en tout et toujours, tel était l'unique désir de cette âme vraiment dévouée à Dieu et à son prochain.

III.

Notre récit nous amène à cette heure pleine d'inquiétudes et d'angoisses où la ville de Strasbourg allait être livrée aux horreurs d'un siége qui devait la couvrir de ruines. Mme Mertian se montra trop admirable alors pour que nous n'entrions pas dans quelques détails.

L'esprit de foi qui inspire tant de sacrifices pour la gloire de Dieu, n'est pas stérile quand il s'agit des devoirs envers des frères, envers les enfants de la même patrie. La sainte femme dont nous avons entrepris de dévoiler les bonnes œuvres a prouvé, elle aussi, que la foi est le foyer le plus pur du patriotisme ; son cœur si compatissant s'alarmait à l'avance de toutes les souffrances que nos soldats allaient endurer: elle transforma aussitôt une partie de son linge en bandes et en charpie pour les pauvres blessés.

Le 6 août se livrait la bataille de Frœschwiller, où l'armée de Mac-Mahon dut reculer devant des forces supérieures. Toute la journée, on entendait au loin le grondement sourd du canon; ceux qui voulaient éviter les horreurs du siége se hâtaient de prendre les derniers trains pouvant encore sortir de Strasbourg. On conseilla à Mme Mertian de partir avec ses trois enfants ; elle repoussa énergiquement cette proposition :

« Jamais je ne quitterai mon mari en de telles cir- » constances, dit-elle ; mes enfants sont assez grands » pour supporter quelques privations, et il ne faut pas » leur apprendre à fuir lâchement devant les souf- » frances de leurs compatriotes. »

Vers six heures du soir, une indescriptible émotion se répandit dans la ville ; la population se ruait dans les faubourgs où débouchaient, d'un côté, des convois de soldats mutilés, transportés à découvert sur de mauvaises civières fabriquées à la hâte ; de l'autre, des hommes de toute arme et de tout grade, couverts de boue et de sang, la plupart s'appuyant sur leurs fusils brisés. C'étaient des soldats de Frœschwiller qui arrivaient par bandes, presque tous blessés, désarmés, annonçant à la foule affolée la triste nouvelle par ces paroles à jamais inoubliables :

« Nous sommes battus, les Prussiens vont arriver ! »
Soudain un bruit lugubre retentit dans les rues, on bat
la générale, les portes de la ville se ferment, les ponts
levis se dressent et chacun se hâte de rentrer chez soi.
Tous se disposent à supporter avec courage les privations de toute sorte qu'amène l'état de siége. On
apprend qu'un officier allemand s'est présenté devant
les portes de Strasbourg et a sommé le Commandant
de rendre la ville pour qu'elle échappât aux horreurs
du bombardement. Sur le refus énergique du Commandant, la place est investie par l'armée allemande et
les communications avec le dehors deviennent impossibles.

Ce fut alors seulement que Mme Mertian se décida
à se séparer de ses deux vieillards infirmes, et les conduisit elle-même à l'hôpital, les recommandant aux
sœurs avec la sollicitude d'une mère qui confierait ses
propres enfants ; tous pleuraient à chaudes larmes :
bienfaitrice et protégés.

Lorsque les obus commencèrent à pleuvoir sur Strasbourg, la famille Mertian dut songer à se procurer un
abri sûr pour la nuit, car les caves voûtées résistaient
seules au choc des projectiles. Elle accepta les propo-
sitions de M. le Supérieur du petit Séminaire, qui lui
offrait un asile dans les caves de l'établissement, où
étaient réfugiées quelques personnes du voisinage ;
bientôt on dut former une ambulance et y recevoir un
nombre considérable de blessés. M. et Mme Mertian
avec leurs trois enfants occupèrent un espace de trois
à quatre mètres carrés où l'on avait placé quelques ma-

telas. C'est là que l'on dut passer un mois, un long mois de privations !

A la vue des colonnes de fumée qui s'élevaient de toutes parts, on eût dit que la ville n'était plus qu'un immense brasier ; on entendait les cris déchirants des blessés qui se mêlaient au fracas des murs croulants, au sifflement des balles, au bruit sinistre des obus et des bombes. — Les personnes réfugiées au petit Séminaire passaient une partie des nuits à implorer la miséricorde divine pour leur pays; c'est alors que Mme Mertian fit vœu d'élever un autel à la Très Sainte Vierge dans une église pauvre, si sa famille était préservée de tout malheur. Son courage ne faillit pas au milieu des épreuves ; elle s'occupait des blessés, leur adressait des paroles de consolation et d'encouragement ; elle songeait aux souffrances de tous plus qu'aux siennes propres.

Après une nuit terrible durant laquelle les bâtiments du petit Séminaire furent gravement atteints par les projectiles ennemis, le Supérieur informa les professeurs qu'il y avait danger à célébrer le saint Sacrifice dans l'église, devenue soudain le point de mire de l'ennemi ; l'un d'eux eut cependant le courage, malgré le péril imminent, de monter à l'autel entouré seulement de trois personnes avides de recevoir leur DIEU pour la dernière fois peut-être ! Au moment de l'Offertoire, les détonations redoublent avec tant de violence que le prêtre se tourne vers Mme Mertian, semblant lui demander : « Faut-il continuer ? » Un regard suppliant lui répond, et le saint Sacrifice s'achève au milieu du bruit formidable de la canonnade.

Cette situation durait depuis un mois, lorsque l'intervention spontanée de la Suisse offrit aux Strasbourgeois un secours inattendu. Trois délégués de la généreuse Helvétie entrèrent en négociation avec le général de Verder, commandant l'armée prussienne, pour obtenir l'autorisation de faire sortir de la ville assiégée les personnes qui voudraient se réfugier dans leur pays. Mme Mertian avait à Lunéville une de ses sœurs qui, sans attendre le résultat de la négociation, demanda à un officier de l'armée allemande, logé chez elle, d'obtenir du général de Verder un sauf-conduit pour sa famille. Cette faveur lui fut accordée et un parlementaire prussien vint aux portes de la ville apporter la précieuse autorisation.

La fidèle Alsacienne hésita longtemps ; il lui en coûtait d'abandonner son pays au moment de l'épreuve, mais la crainte de compromettre la santé de ses enfants triompha de ses répugnances ; elle se décida à partir.

Le 15 septembre, M. Mertian conduisit aux portes de Strasbourg sa famille, et une jeune amie de sa fille, qui allait partager les tristesses de l'exil, laissant aussi derrière elle ses parents bien-aimés !

Ce fut un moment solennel que celui où les portes s'ouvrirent pour donner passage aux fugitifs ! Lorsqu'elles se fermèrent derrière eux, Mme Mertian eut un moment d'inexprimable angoisse, mais, confiant à la divine Providence ceux qu'elle laissait dans les murs de la cité en feu, elle donna à ses enfants l'exemple du courage et suivit le parlementaire français, qui les conduisit jusqu'aux avant-postes prussiens.

Ici nous laisserons la parole à l'un des enfants, qui écrivit plus tard à son père le récit de ce voyage.

« Après une heure de marche au milieu de la cam-
» pagne inondée pour la défense de la ville, les pre-
» miers Uhlans parurent avec leurs grandes capotes
» noires en lambeaux et leur air farouche ; ils étaient
» couverts de boue. Nous nous mîmes à pleurer en
» regardant ces ennemis de notre France, mais ma
» mère nous gronda, disant qu'il fallait montrer plus
» de courage en ce moment ; puis, craignant que les
» Prussiens n'abusassent de notre inexpérience pour se
» renseigner sur l'état de la ville, elle nous défendit de
» répondre en allemand si l'on nous parlait.

» Bientôt une troupe de Uhlans entourèrent la char-
» rette sur laquelle on nous avait fait monter au sortir
» de la ville ; ils nous adressaient mille questions ainsi
» que l'avait prévu ma mère ; ils demandaient si l'on
» avait bientôt assez de leurs « feux d'artifices », et si
» l'on ne parlait pas de reddition. Elle répondit avec
» beaucoup de tact et de prudence, de manière à ne
» donner aucun renseignement, sans toutefois les indis-
» poser contre nous. Chemin faisant, ils caracolaient
» autour du véhicule, s'amusaient avec Léon, qu'ils
» prirent plusieurs fois sur leurs chevaux, l'appe-
» lant le petit Prussien ; l'un d'eux nous dit : « J'ai un
» fils de même âge là-bas ! » et il essuya furtivement
» une larme ! A chaque instant, nous étions arrêtés par
» des sentinelles qui criaient : « Wer da ? » Alors, il
» fallait exhiber ses papiers, répondre à une foule de
» questions et attendre l'autorisation de continuer notre

» route, de sorte que nous arrivâmes à Mundolsheim,
» quartier-général de l'armée allemande, seulement
» vers six heures du soir. Nous avions mis sept heures
» à faire six kilomètres !

» A l'entrée du village, les Uhlans se dispersèrent ;
» le paysan qui nous conduisait nous fit mettre pied à
» terre, disant qu'il était défendu de passer la nuit dans
» l'endroit occupé par le quartier général, qu'il ne pou-
» vait nous conduire plus loin, et il nous quitta. Nous
» nous assîmes tous les cinq sur un arbre renversé,
» demandant à ma mère ce que nous allions devenir ;
» elle, toujours courageuse et décidée, nous répondit
» avec calme : « Disons un bon *Souvenez-vous*, mes
» enfants, et la Sainte Vierge viendra à notre aide. »
» A peine la prière était-elle achevée qu'un groupe d'of-
» ficiers paraît, nous regardant avec étonnement. Ma
» mère s'approche d'eux, tandis que nous disons force
» prières à Marie. Elle leur parle longtemps avec ani-
» mation dans cette langue allemande qu'elle possède si
» bien ; ils furent d'une politesse, je dirai même d'une
» prévenance remarquable.

» L'un des officiers se détache du groupe et offre à
» ma mère de la conduire près du général de Verder,
» pour obtenir la permission de passer la nuit à Mun-
» dolsheim : elle s'y rend, et bientôt nous la voyons repa-
» raître accompagnée du général, qui la reconduisait
» avec la plus grande courtoisie ; non seulement il avait
» accordé la permission de passer la nuit dans le vil-
» lage, mais il avait encore donné l'ordre qu'on mît à
» notre disposition la chambre d'un de ses officiers, ce

» que ma mère n'accepta point ; elle pria seulement que
» l'on plaçât quelques matelas dans un grenier, et c'est
» là que nous passâmes la nuit. Le soir, un aide-de-
» camp vint s'informer, de la part du général, si nous
» n'avions besoin de rien, et nous avertit que le lende-
» main une voiture nous attendrait pour nous conduire
» de l'autre côté du Rhin ; comme il insistait pour offrir
» ses services, ma mère lui demanda la faveur de faire
» parvenir un billet à son mari, resté dans les murs de
» Strasbourg ; l'officier le promit de la part du général
» et tint parole.

» Le lendemain, une bonne voiture vint nous pren-
» dre ; nous cheminâmes doucement à travers un sen-
» tier serpentant au milieu des bois qui le dérobaient
» aux regards des défenseurs de Strasbourg ; les soldats
» prussiens nous faisaient remarquer que l'armée alle-
» mande s'était frayé cette route pour pénétrer en
» France sans être inquiétée. Après quelques heures
» de voyage, nous arrivons sur les bords du Rhin, où
» de nouvelles émotions plus terribles encore nous
» étaient réservées.

» Les soldats qui nous accompagnaient mirent pied
» à terre, bandèrent les yeux du cheval et le contrai-
» gnirent à franchir avec la voiture, un pont volant
» jeté sur le Rhin. Ce pont, ou plutôt cette espèce de
» radeau, n'avait guère que six mètres carrés ; il était
» maintenu contre le courant par un long cordage
» allant d'une rive à l'autre ; les soldats tenaient forte-
» ment la bride du cheval. Un seul pas eût précipité
» l'attelage dans le fleuve ; nous nous serrions trem-

» blants contre ma mère, qui nous engageait à faire des
» actes de contrition du fond du cœur. Enfin, au bout
» d'une demi-heure d'angoisses, nous touchions l'autre
» bord, qui sert de frontière au grand-duché de Bade ;
» nous passâmes la nuit dans un village voisin, et le
» lendemain, grâce à notre sauf-conduit, nous fûmes
» autorisés à prendre un train qui rapatriait des blessés
» allemands.

« Nous fûmes reçus à Zurich comme des amis, ou
» plutôt comme des frères, par cette généreuse et hos-
» pitalière population ; on nous installa presque de
» force dans un des plus beaux hôtels de la ville, avec
» la recommandation expresse de considérer cette
» maison comme la nôtre, et sans qu'il fût possible de
» faire accepter la moindre rétribution. Par délicatesse,
» ma mère ne voulut pas prolonger son séjour à l'hôtel
» et user des secours dont d'autres pouvaient avoir
» plus besoin que nous ; elle loua un petit appartement
» dans la ville. »

Le séjour de Zurich ne fut pas cependant sans
épreuves. Après la reddition de Strasbourg, on apprend
que la petite vérole commence à exercer ses ravages
parmi les habitants.

La courageuse femme ne recule pas devant le nouveau danger ; elle laisse ses enfants à la garde de leurs
bons anges et reprend le chemin de la malheureuse
ville au milieu de nombreuses difficultés : elle a la joie
de retrouver son mari et ses amis en bonne santé ; après
s'être assurée par elle-même que le fléau ne sévissait
que dans les hôpitaux et les ambulances, où il y avait

agglomération de blessés, elle reprend la route de l'exil.

La funeste issue de la guerre fit à son cœur une blessure que les années ne purent fermer. Quitter l'Alsace qu'elle aimait tant et dont elle partageait avec enthousiasme le noble et généreux attachement pour la mère-patrie, lui causa une douleur poignante ! Il le fallait cependant, pour garder ses fils à la France ; elle n'hésita pas.

Dans le courant de l'été de 1872, M. Mertian fut nommé à Lille ; sa famille l'y suivit peu après. C'est alors que Mme Mertian dut renoncer à garder auprès d'elle les enfants qu'elle élevait pour le sanctuaire, et dont plusieurs ne persévérèrent pas, ce qui lui faisait dire dans son humilité : « Je ne suis pas digne de don- » ner des prêtres à Dieu ! » tout en reconnaissant la cause probable de ces défections, pour y remédier dans l'avenir.

Plus tard, quand la vocation de sa fille se manifesta, elle disait avec joie : « Dieu m'a fait faire de grands sa- » crifices en ne permettant pas que mes enfants adop- » tifs arrivassent au sacerdoce, mais il me dédommage » en reportant toutes ses grâces sur ma fille. »

Cependant, dès les premiers mois de son arrivée à Lille, la Providence lui fournit l'occasion d'exercer une dernière fois ce genre d'apostolat en faveur d'un jeune séminariste alsacien qui se destinait aux Mis- sions-Étrangères, et que différentes circonstances em- pêchaient de suivre immédiatement sa vocation. Elle le prit chez elle et eut la joie de rencontrer un cœur ouvert aux sentiments élevés qu'elle s'efforçait de lui inspirer, car elle avait, avec le jeune clerc, de fréquents entretiens dans lesquels elle lui parlait avec enthousiasme des grandeurs de la vie d'apôtre, du dévouement et du sacrifice qu'elle exige, du zèle que doit avoir le missionnaire pour les âmes. Elle préparait ainsi le cœur du jeune homme à sa vocation apostolique.

Lorsqu'il alla, plus tard, porter l'Évangile aux infidèles, sa mère d'adoption ne le perdit pas de vue ; elle aimait à l'encourager par ses lettres et à lui envoyer les objets de piété qui pouvaient l'aider à gagner le cœur de ses néophytes.

Il est des circonstances qui rendent l'aumône plus méritoire : c'est lorsqu'on la fait aux dépens de son bien-être. — Un des caractères distinctifs de la charité de Mme Mertian, c'était précisément cette générosité qui va jusqu'à s'imposer des privations pour pouvoir donner davantage. Elle comptait pour rien ce qui venait de son superflu, et avait coutume de dire à ses enfants : « Lorsqu'on ne prélève pas sur son nécessaire » pour donner, ce n'est pas de la charité. » Cette maxime était tellement entrée dans sa conduite, qu'elle était devenue une sorte de nécessité à laquelle elle ne pouvait résister. Nous ne citerons à ce sujet que deux traits pris entre mille.

Dix-huit mois avant sa mort, Mme Mertian fut envoyée aux eaux de Teplitz en Bohême pour essayer de rétablir sa santé déjà très compromise.

Elle avait promis à sa fille de faire confortablement ce long voyage pour en adoucir les fatigues.

Mais, en arrivant au guichet du chemin de fer, elle se

dit que la différence entre les prix de première et de seconde classe serait mieux employée à payer un mois de pension pour un jeune clerc. Elle ne put résister à cette inspiration de la charité et elle prit une place de seconde.

Elle fut bien fatiguée, la généreuse chrétienne, mais cette fatigue lui était plus douce qu'un soulagement donné à son corps au détriment d'une bonne œuvre. Sa fille, l'ayant appris, lui fit remarquer doucement l'infidélité de sa promesse. « Que veux-tu, » lui répondit-elle naïvement, « c'est plus fort que moi ; je t'assure » que ce n'est pas ma faute. »

Plus tard, à Paris, étant déjà très souffrante et obligée de faire une course assez longue, elle ne put se résoudre à prendre une voiture, monta en omnibus et remit la différence à une famille indigente ; souvent il lui arrivait de porter ainsi à ses protégés la somme qu'elle avait économisée.

Mme Mertian, après avoir confié aux congrégations religieuses et aux séminaires les enfants qu'elle voulait offrir à DIEU, continuait à les suivre, les exhortant, par lettres et de vive voix, à faire des progrès dans la vertu et dans la science ; elle se gardait bien de croire que lorsqu'on a versé une somme d'argent, on est quitte du devoir de la charité ; elle dépensait avant tout son âme et son cœur. Aussi la voyons-nous, pendant son séjour à Lille, commencer avec ses jeunes protégés une correspondance suivie dans laquelle elle donnait à chacun les conseils en rapport avec son âge, son caractère et ses dispositions. Dans l'œuvre des mariages, comme dans celle des vocations sacerdotales, l'aumône pour elle n'était qu'un moyen d'entrer en rapport avec les âmes. Pour les gagner à DIEU, elle se donnait elle-même avec tout son dévouement, toute sa charité.

On peut dire qu'elle se regardait comme responsable des âmes que la Providence lui confiait ainsi; mais combien cette responsabilité lui apparaissait plus grande, « plus redoutable, » selon sa propre expression, lorsqu'il s'agissait de l'âme de ses enfants ! Que de fois ses fils l'ont entendue leur répéter la parole si pleine de foi de Blanche de Castille : « J'aimerais mieux vous voir mort à mes pieds que coupable d'un péché mortel. »

Dans sa correspondance avec les jeunes enfants qu'elle faisait élever pour le sacerdoce, on sent presque à chaque page qu'elle cherche à leur inculquer cette soif du salut des âmes qui la dévorait elle-même. « Soyez » fidèles à vos petits devoirs d'état, » disait-elle à deux d'entre eux, élevés au Juvénat des Pères Rédempto-ristes à Uvrier (Suisse) ; « par votre obéissance, votre » assiduité à vos études, vous pourrez déjà commen-» cer à sauver des âmes qui sans vous périraient » peut-être éternellement. »

Et dans une autre lettre (on venait de donner une mission à Cannes): « Que j'ai pensé à vous, mes chers » enfants, ces jours-ci ; que vous serez heureux d'évan-» géliser un jour des populations qui vivent loin de » DIEU, et comme vous serez récompensés, en sauvant » des âmes, de l'ardeur que vous mettez actuellement » à vous préparer à cet apostolat par de sérieuses » études ! »

Souvent elle s'accusait, dans son humilité, de ne pas faire pour Dieu tout ce que la grâce lui suggérait. « J'arriverai à son redoutable tribunal les mains vides, » disait-elle avec un sentiment d'effroi, à la pensée de la justice de Dieu qui la jetait quelquefois dans de vives angoisses ; mais, ajoutait-elle aussitôt, la parole de Monseigneur de Ségur me rassure: « Faire un prêtre, c'est sauver des milliers d'âmes. »

Dieu allait, dès ce monde, récompenser cette admirable chrétienne en une autre elle-même. Il fit entendre son divin « Suivez-moi! » à son enfant bien-aimée. Appeler la fille, c'était appeler la mère ; nous verrons comment Mme Mertian le comprit. Le sacrifice fut certainement bien douloureux pour ce cœur si tendre, mais, la grâce parlant plus fort que la nature, la chrétienne triompha de la mère. — Un matin, au retour de la messe où Mme Mertian avait communié avec sa fille, celle-ci lui remit une lettre qui lui faisait connaitre sa résolution de se consacrer à Dieu et lui en demandait la permission. La pauvre mère resta longtemps seule, et sa fille, qui priait dans la chambre voisine, l'entendit sangloter.

Elle l'appela enfin, la pressa sur son cœur et lui dit: « Je n'aurais jamais eu le courage de demander cette » grâce à Dieu, mais puisqu'il me l'accorde, je l'en » remercie et lui offre l'immense sacrifice qu'il me » demande; car si mon âme tressaille de bonheur, mon » cœur de mère est déchiré ; » et, se mettant à genoux devant son crucifix, elle offrit à Dieu son enfant, demandant pour toutes deux force et générosité.

Mère sage et prudente, elle exigea un délai d'un an pour mûrir cette vocation naissante.

Bien loin de suivre la conduite de ces parents égoïstes qui, sous prétexte d'éprouver la vocation de leurs enfants, cherchent plutôt par des distractions excessives à étouffer en eux le germe de la grâce, Mme Mertian n'employa que les moyens conseillés par les maîtres de la vie spirituelle pour connaître la volonté de Dieu. Sa fille désirait entrer dans la Congrégation de l'Adoration Réparatrice : elle la conduisit à la maison-mère de l'Institut, où elles firent toutes deux une retraite.

Dans le courant de la même année 1874, afin de mettre la vocation de sa fille sous la protection de la Vierge Immaculée, elle l'envoya faire un pèlerinage à Lourdes avec une de ses amies. De son côté, elle suppliait Marie de mettre des obstacles à l'entrée en religion de son enfant si, disait-elle, « elle ne devait pas être une parfaite religieuse. »

Elle consolait son mari, que la pensée de cette prochaine séparation affectait péniblement, lui montrait le bonheur de leur enfant assuré en ce monde et en l'autre, et souvent elle aimait à répéter qu'à leur lit de mort, leur meilleure consolation serait d'avoir fait généreusement ce grand sacrifice. C'est qu'elle comprenait que la vie religieuse ne rétrécit ni le cœur ni l'esprit; elle savait que, loin de perdre les enfants qu'on donne à Dieu, on les retrouve en Lui plus aimants et plus dévoués. Il fut bientôt question de fixer l'époque de la douloureuse séparation. La Supérieure générale proposa la fête de Ste Thérèse. Mme Mertian en fut frappée : « Ste Thérèse, dit-elle, revendique ses droits, » faisant allusion à l'opposition que Madame de Müller avait manifestée lors du baptême de sa petite-fille ; et elle demanda que la grande sainte fût donnée comme patronne à la postulante.

Le 15 octobre, fidèle à sa promesse, la généreuse mère amenait sa fille au monastère. Toujours guidée par l'esprit de foi, elle voulut que le sacrifice se consommât devant l'autel ; elle la conduisit donc à la chapelle, où elles prièrent ensemble une dernière fois, jusqu'au moment où la Révérende Mère Supérieure générale ouvrit la porte de clôture et introduisit la nouvelle religieuse dans la maison du Seigneur.

Un frisson de douleur fit tressaillir la pauvre mère, mais, ferme et courageuse, elle unissait héroïquement son sacrifice à celui du divin Réparateur.

On lui proposa de venir, dans l'après-midi, voir au parloir sa fille, devenue sœur Thérèse-Marie ; elle crut devoir refuser cette consolation afin de passer le reste de cette journée avec Dieu seul. Peu de jours après, elle retourna tristement à Lille, laissant une partie de son cœur au pied du Trône de Jésus-Hostie.

Elle ne revit sa fille qu'au moment de sa prise d'habit, faisant cet autre sacrifice pour se préparer à l'holocauste que toutes deux allaient offrir à l'Époux des Vierges.

La cérémonie de la vêture eut lieu le 8 juin 1875 ; elle fut pour Madame Mertian une source de grâces qui l'initia plus complètement à la pratique des vertus réparatrices. Lorsque, deux ans après, sa fille prononça ses vœux, la mère était prête, elle aussi, à se donner à Jésus-Hostie : ce jour même, 8 juin 1877, elle fit sa consécration d'Agrégée de l'Adoration Réparatrice.

Cette dernière grâce imprima un nouvel élan à son zèle pour les œuvres eucharistiques, dont elle s'occupa dès lors exclusivement ; devenue membre de la famille réparatrice, elle fit de plus fréquents voyages à Paris, heureuse de profiter de l'hospitalité qu'elle recevait au monastère, ce qui lui permettait de passer ses journées dans le recueillement et de suivre les exercices religieux à la chapelle. Là elle pouvait s'unir plus intimement aux prières de sa fille ; elle la voyait si complètement heureuse qu'elle disait à la Révérende Mère Générale : « Si, par un mot, je pouvais reprendre sœur Thérèse-Marie, je ne le ferais pas. »

Entourée de l'affection et de la tendresse de toutes les religieuses qui étaient en rapport avec elle, elle se plaisait à dire : « Je n'ai donné qu'une fille à Dieu. Il m'en a rendu cinquante !.. »

La touchante bonté de Mme Mertian lui avait, en effet, gagné tous les cœurs ; et comme elle ne croyait nullement mériter la sympathie qu'on lui témoignait, elle s'étonnait des petites attentions qu'on s'ingéniait à lui prodiguer !

Bientôt une de ces circonstances qui ont une si grande influence dans la vie des familles allait donner à ses prières et à ses maternelles inquiétudes une tout autre direction. Il s'agissait de l'établissement de son fils aîné. Elle mit tous ses soins à découvrir le trésor inestimable dont parle l'Écriture : une véritable femme forte selon le cœur de Dieu, et formée à la piété par des parents chrétiens. Elle eut le bonheur de la rencontrer et, désormais tranquille de ce côté, elle reporta ses sollicitudes sur son plus jeune fils, dont la belle mais périlleuse carrière la préoccupait vivement.

La pieuse mère voulut donner au jeune marin un second ange gardien. Elle facilita l'entrée en religion d'une jeune fille sans fortune, pour qu'elle fût la protectrice continuelle de Léon durant ses lointains voyages.

Elle aimait à suivre les progrès de cette religieuse dans la perfection, et lui rappelait en toute occasion qu'elle l'avait établie gardienne de l'âme de son fils et lui avait confié son avenir.

IV.

Vers la fin de l'année 1883, M. et Mme Mertian vinrent habiter Paris, ce qui permit à notre fidèle agrégée de suivre en tout point son règlement et de venir chaque jour « prier dans sa chère chapelle, » comme elle aimait à l'appeler ; c'était une consolation que depuis longtemps elle souhaitait vivement d'avoir ; mais cette joie devait peu durer. Après une vie si bien remplie, la couronne était prête, et c'était la joie éternelle que Dieu préparait à sa fidèle servante.

Souffrante depuis longtemps déjà, Mme Mertian se décida enfin à consulter un médecin qu'elle ne connaissait point, mais qu'on lui avait chaudement recommandé. C'était le 15 octobre 1884. « Monsieur, lui dit-» elle, je vous prie de me dire l'entière vérité sur mon » état ; j'ai besoin de savoir exactement où j'en suis. »

Devant une attitude si ferme, le docteur répondit :
« Madame, je ne crois pas que vous puissiez vivre
» encore plus de quinze à dix-huit mois, si vous ne vous
» faites opérer promptement. »

Malgré son énergie, Mme Mertian fut très émue ; la
nature, quoi qu'on fasse, reprend vite ses droits. Son
premier mouvement fut d'aller à la chapelle de l'Adoration Réparatrice puiser aux pieds du divin Consolateur la force et le courage nécessaires pour se résigner
à sa sainte volonté.

Fortifiée par la foi qui soutient le juste et lui fait
répéter le mot de St Paul : « La mort m'est un gain, »
elle se rendit ensuite au monastère pour rapporter à
sa fille les paroles du médecin. « Mon enfant, lui dit-
» elle, Ste Thérèse nous envoie une lourde croix comme
» bouquet de fête ; mais puisque c'est la volonté de
» Dieu, je l'accepte avec amour ; je ne tiens pas à la
» vie, et pourtant la pensée d'une opération me cause
» de terribles appréhensions. »

Un mois s'écoula dans cette angoisse, et la pauvre
malade eut à soutenir plus d'un combat pour vaincre
les résistances de la nature. Elle combattit ces terreurs,
qu'elle croyait répréhensibles, fit une confession générale, régla ses affaires temporelles et se prépara à paraître devant Dieu, si l'opération n'avait pas une heureuse issue.

Les lettres qu'elle écrivit à son fils aîné pour le mettre au courant de cette triste situation, sont empreintes
d'un grand esprit chrétien. On nous pardonnera de les
citer en entier.

Paris, 30 octobre 1884.

Mon cher Lucien,

« Te voilà donc installé chez toi (1), comme un bon
» père de famille qui va faire tout doucement son
» chemin dans la vie en élevant chrétiennement ses
» enfants, et en méritant les bénédictions du Ciel par
» sa fidélité aux principes de foi. Ah ! oui, je te les
» souhaite ces bénédictions, mon cher enfant, à cette
» heure surtout où je sens si vivement qu'il n'y a que
» Dieu qui puisse aider sa pauvre créature et la rendre
» heureuse. Tout le reste n'est rien...

» Tu t'étonnes de m'entendre parler ainsi ? Je
» voudrais te laisser ignorer la croix dont Dieu me
» frappe, mais le cœur parle plus fort et il a besoin de
» te dire où j'en suis.

» Depuis plusieurs années j'ai des élancements dans
» le côté, une grosseur s'y est formée et, d'après l'avis
» de plusieurs médecins distingués, une opération est
» nécessaire. Ce n'est que depuis le jour de la fête
» de sainte Thérèse que je connais mon état, et trois
» jours seulement après une dernière consultation
» d'un grand spécialiste, je me suis résignée à l'opéra-
» tion, sur les instances de ton père et de ta sœur. —
» Les médecins m'assurent que ce genre d'opérations
» réussit presque toujours et qu'il y a tout espoir de
» guérison, car mon sang est bon.

» Priez tous pour moi ; toute la communauté de Ma-
» thilde a fait une neuvaine avec moi ; chaque jour

---

1. Il venait de faire l'acquisition de sa maison.

» à une heure je me rendais avec les sœurs au caveau
» de la fondatrice ; la ferveur de ces saintes religieuses
» m'a obtenu le courage nécessaire pour prendre cette
» détermination. Au premier moment, je ne voulais
» pas consentir à être opérée. Quelle que soit la volonté
» de Dieu, mes chers enfants, soyez assurés que vous
» aurez toujours une mère qui demandera pour vous
» et vos enfants les bénédictions d'en Haut et le salut
» de vos âmes. Cette pensée de ton salut, mon cher
» Lucien, a été la grande préoccupation de ma vie ;
» c'est ce désir de te préserver de tout mal qui a été
» l'unique cause de sévérités que tu trouvais parfois
» exagérées, et que tu ne comprendras bien que dans
» quelques années, lorsque tu auras toi-même des âmes
» d'enfants à garder au milieu des dangers du monde. »

. . . .

Sur l'insistance de son fils, qui demandait à venir
la voir immédiatement, elle lui écrivit :

Paris, le 4 novembre 1884.

Mon cher Lucien,

« Sois bien convaincu qu'il m'en coûte de dire à
» mes enfants de ne pas venir me voir avant l'opération,
» mais je sais qu'il faut éviter toute émotion qui m'oc-
» casionne la fièvre. On me recommande le calme le
» plus absolu ; je vais chaque jour embrasser ta sœur,
» mais je ne reste que peu de temps avec elle. Tu peux
» te figurer sa douleur ! Je l'embrasse pour vous et
» la charge de vous transmettre tout ce que je lui
» dis. Je sens que je ne mourrai pas, je t'en donne
» l'assurance ; c'est une épreuve ; nous étions trop heu-

» reux ! J'offre mes douleurs pour le salut de l'âme de
» mes fils, et je puis te dire, cher Lucien, que je suis
» heureuse de les supporter à cette fin. Je te parle dans
» toute la sincérité de mon âme et sans aucune exagé-
» ration.

» Ma sœur Wilhelmine m'écrit bien affectueuse-
» ment : elle veut absolument venir m'assister, me pro-
» pose de louer une chambre à côté de la mienne (1),
» afin de ne pas me quitter. Je n'accepte pas pour les
» mêmes raisons.

» Je fais tout ce que je puis pour dissuader ton
» père de rester dans la chambre, afin de lui éviter cette
» affreuse impression. Dans ces circonstances, il faut
» éviter tout ce qui peut abattre, et l'énergie, grâce à
» Dieu, ne me fait pas défaut. J'espère qu'à la fin de jan-
» vier nous pourrons aller à Cannes hâter ma complète
» guérison. Comme je serai heureuse de vous revoir
» tous quand je serai débarrassée de cette vilaine
» préoccupation ! C'est dans ces moments que l'on sent
» vivement le grand bienfait des consolations reli-
» gieuses qui calment le cœur, adoucissent l'amertume
» des douleurs qui nous sont envoyées par les mains
» paternelles de Dieu. Merci de vos neuvaines, je les
» accepte de grand cœur. J'irai cette après-midi à
» Montmartre implorer le Sacré-Cœur. »

La veille de l'opération, elle écrivait à sa fille :

« Je suis à Gethsémani ! Par moments, d'inexpri-
» mables angoisses me montent au cœur ; je m'accroche
» au Cœur de Jésus pour protester contre ma lâche

---

1. Chez les Dames Augustines.

» nature, répétant : Tout pour votre amour, mon DIEU !
» oh ! assistez-moi ! C'est demain à dix heures et demie !
» Je me tiendrai à la chapelle jusqu'au moment de
» m'étendre sur la lugubre couche ! »

Le lendemain, après avoir revouvelé son sacrifice
en esprit de réparation, Mme Mertian se livrait aux
mains des chirurgiens.

L'opération mit à découvert un mal sans remède et
ne servit qu'à prolonger de quelques mois une existence qui se transforma en un véritable martyre.

Aussitôt que la malade fut en état de voyager, elle
partit pour Cannes ; on pensait que la douceur de ce
climat pourrait lui rendre des forces.

En effet, le soleil de Provence, l'air embaumé par la
brise de mer qui se joue dans les bois de pins, ces
lieux favorisés de la nature, ne tardèrent pas à produire
une amélioration sensible dans l'état de la malade ;
elle se sentit assez bien pour sortir un peu. Elle put
reprendre ses pieuses habitudes et entendre presque
journellement la sainte messe ; ses promenades se ter-
minaient toujours par l'assistance à quelque exercice
religieux ; elle était surtout très assidue aux réunions
mensuelles à la chapelle de Notre-Dame des Sept-
Douleurs, afin d'unir davantage ses souffrances à celles
de la Mère du Rédempteur, et pour assister aux confé-
rences faites aux dames associées en faveur de l'œuvre
de la villa des Roses, destinée à donner pendant l'hiver
un refuge aux prêtres malades des différents diocèses
de France, œuvre qui lui était particulièrement chère :
rendre la santé à de jeunes prêtres malades, n'est pas

moins utile que d'élever des enfants pour le sacerdoce.

Un jour, sur les instances de sa fille, elle consentit à aller voir un médecin spécialiste qui habitait Nice ; pendant le voyage, elle entendit parler d'un alumnat, ou école cléricale, établi dans cette ville. Cette œuvre ne pouvait que l'intéresser grandement. N'était-ce pas son œuvre de prédilection ? Aussi, en arrivant, elle oublie le but de son voyage et ne pense qu'à connaître l'adresse de cet établissement. Mais Nice est une grande ville ; et la banlieue, où se trouve cet asile, est très étendue. Mme Mertian eut beau interroger, elle ne put recueillir que des renseignements très vagues ; on la renvoyait de rue en rue. Enfin, après deux heures de marche par une pluie torrentielle, elle arrive à l'alumnat.

Là, elle trouve un Père Augustin de l'Assomption qui instruisait, avec l'aide d'un novice, une trentaine de jeunes enfants, aspirants au sacerdoce.

Ravie de la simplicité de l'installation, de l'air heureux des enfants, des paroles aimables du saint prêtre, elle se prend à aimer « ce petit Nazareth », comme elle l'appelle et promet au directeur le concours de tout son dévoûment ; puis elle s'en retourne l'âme comblée de consolations. Il était bien tard pour voir le médecin ! mais qu'importait à cette âme ardente le soin de sa santé puisqu'il s'agissait d'une bonne œuvre ? Elle reprit le train, brisée de fatigue, brûlante de fièvre, mais heureuse de « sa découverte », et tenant fort peu de compte des souffrances qui en furent la suite (1).

---

1. Cet alumnat a été transféré depuis à Villecomtesse par Montigny-la-Resle, (Yonne).

Cependant l'amélioration produite par le climat du midi ne dura guère, la malade voyait ses forces décliner ; une seconde opération lui fut conseillée par quelques médecins. Avant de s'y résigner, elle voulut s'adresser à la Vierge compatissante qui, dans son sanctuaire de Lourdes, accorde souvent la guérison des infirmités corporelles, et toujours la grâce, bien plus précieuse, de supporter les souffrances avec courage et résignation. Ce fut cette dernière faveur qu'obtint la chère malade. Dans ce pèlerinage, son âme fortifiée s'ouvrit plus encore du côté de DIEU ; elle s'abandonna sans réserve à tous ses desseins.

Au retour de Lourdes, et pour échapper à l'influence débilitante des chaleurs de Paris, on lui conseilla un voyage en Suisse et le grand air des montagnes ; elle s'arrêta en Alsace et au couvent des Bénédictines d'Ottmarsheim, qui était sur sa route. Ces religieuses, chassées de Suisse lors de l'expulsion des ordres religieux, avaient trouvé en Mme Mertian une bienfaitrice et une mère ; aussi, heureuses de la posséder, elles la reçurent avec une joie toute filiale, la firent entrer dans la clôture et la comblèrent d'attentions délicates dont le cœur de leur charitable amie fut profondément ému.

D'Ottmarsheim, Mme Mertian alla passer quelque temps à Einsiedeln, célèbre par le pèlerinage de Notre-Dame des Ermites, si cher à son cœur, et qui lui rappelait de nombreuses visites faites autrefois avec ses enfants.

Elle revint à Paris au mois d'octobre ; son mari

aurait désiré l'emmener à Cannes sans retard ; mais Mme Mertian, plus soucieuse des intérêts de son âme que de sa santé, désira attendre la retraite du mois de novembre spéciale aux Dames agrégées ; elle en suivit tous les exercices malgré sa faiblesse, renouvela sa consécration avec ses sœurs le jour de la clôture, et partit peu après.

Arrivée très souffrante à Cannes, elle voulut néanmoins assister aux sermons d'une mission qui fut donnée dans cette ville à l'occasion du jubilé de l'année 1886 ; bien que ses jambes lui refusassent déjà presque tout service et que le temps fût exceptionnellement rigoureux pendant cet hiver, notre chère agrégée s'y faisait conduire courageusement tous les jours.

Nous ne pouvons mieux faire connaître les sentiments qui l'animaient alors qu'en transcrivant le passage suivant, extrait d'une lettre adressée à sœur Thérèse-Marie après la mort de sa mère, par un des RR. PP. Capucins qui donnaient la mission.

« C'est pendant la mission de Cannes, prêchée en
» janvier 1886, que j'ai eu l'honneur de connaître
» Madame votre mère. A l'issue d'un sermon sur le
» salut, je vis venir à moi une dame âgée et à l'air
» souffrant : « Mon Père, me dit-elle, je désire vous
» parler, et voici le sujet de ma visite : votre sermon
» sur le salut m'a tellement remuée que désormais je
» ne veux plus penser qu'à mon salut. A cette fin, je
» désire régler mes affaires temporelles et spirituelles
» comme si j'allais mourir, car je porte un mal qui ne
» tardera pas à me conduire au tombeau. Avant de

» traiter les affaires de ma conscience, je veux vous
» mettre au courant de mes œuvres, et spécialement
» de mon intention de favoriser par un nouveau don
» les vocations sacerdotales.

» Cette œuvre a été le rêve de toute ma vie ; j'ai
» cherché à le réaliser en toute occasion : gagner des
» âmes au bon Dieu, mettre à l'abri des influences
» malsaines et délétères du monde les vocations éclo-
» ses sous le regard de Dieu, mais dépourvues de
» soutien et d'appui, voilà le but que j'ai cherché à
» poursuivre. »

» Elle fut très heureuse d'apprendre que telle était
» l'œuvre que poursuivaient les RR. PP. Capucins
» par la création de leurs collèges apostoliques.

» Elle revint me voir, toujours pour me parler de
» ses projets, et chaque fois je pus constater la gran-
» deur de sa foi, l'étendue de sa charité et la vivacité
» de son amour pour Dieu. Si elle emportait de nos
» conversations une consolation si grande que son
» cœur débordait de joie, elle me laissait, à moi, l'image
» de la femme forte de l'Écriture, type achevé de ces
» âmes privilégiées qui, absorbées en Dieu, ne vivent
» plus que pour Lui seul.

» Quand vint le moment de régler les affaires de sa
» conscience, elle eut soin de mettre toutes les inquié-
» tudes de sa vie sur le papier, et pour lui donner tout
» apaisement, je lui offris de revenir plusieurs fois se
» confesser ; enfin, quand tout fut dit, elle éclata en
» sanglots, comme si elle eût été la plus grande cou-
» pable du monde, elle qui, toute son existence, s'était

» occupée à faire connaître et aimer Dieu ! Une paix
» suave et profonde envahissait délicieusement son
» âme, son cœur surabondait de joie et sa bouche ne
» trouvait plus d'expression pour me dire son bonheur.

» Quelque temps après cette mission, je fus envoyé
» par le Général de l'Ordre en Belgique, pour y tra-
» vailler à l'érection d'un collège apostolique. Malgré
» cet éloignement, nous ne nous perdîmes point de
» vue, et de temps en temps, dans ses douleurs si
» aiguës, si intenses, elle m'écrivait d'une main trem-
» blante pour me demander des prières et m'assurer
» de la paix de son âme, de sa résignation parfaite à
» la volonté du bon Jésus !

» Votre mère, Révérende Sœur, est une de ces
» âmes, qui après avoir passé par le creuset de la souf-
» france, vont au ciel recevoir la récompense de leurs
» vertus.

» Cependant, ne cessons pas de prier pour elle ; imi-
» tons saint Augustin qui, vingt ans après la mort de
» sa mère, priait encore pour le repos de son âme ! »

Mais le mal empirait toujours ! Un jour, pendant
l'Octave de Réparation, la malade, faisant un suprême
effort, se traîna jusqu'à la chapelle de l'Adoration Réparatrice, et reçut une dernière fois la bénédiction de
Jésus-Hostie. Ce devait être la dernière sortie de la
fidèle agrégée !

En rentrant chez elle, des douleurs intolérables la
clouèrent sur son lit, où désormais elle ne put trouver
de repos ; bientôt les pointes de feu dont on couvrit son
corps, les plaies produites par de nombreux vésica-

toires, la torturèrent jour et nuit, sans que ses douleurs intérieures fussent en rien soulagées. Dans ce martyre, aucune plainte ne lui échappait ; mais cent fois par jour cette prière montait de son cœur à ses lèvres, comme un cri de supplication : « O mon JÉSUS, miséricorde ! »

Toujours douce, souriante, la pauvre malade n'était préoccupée que des autres et souffrait surtout de la privation de la sainte Communion.

Dans la crainte de déranger son confesseur, elle resta trois semaines sans le faire demander ; enfin, comme le mal augmentait chaque jour, elle le fit prier de venir la voir, et dès lors, elle reçut de temps en temps la visite du DIEU de l'Eucharistie.

Comme le Prophète, accablé d'ennui et de lassitude au pied du térébinthe, se relevait plein de courage pour achever de gravir la montagne du Seigneur, après avoir mangé le pain mystérieux apporté par l'ange, ainsi notre chère malade, après s'être nourrie du Pain des forts, sentait en son âme de nouvelles énergies pour gravir avec résignation son douloureux Calvaire en union avec JÉSUS Réparateur. Elle se purifiait sous l'étreinte de la souffrance, et les premières clartés du ciel l'illuminaient déjà. Aussi, comme sa conscience devenait délicate, son coup d'œil pénétrant !

Un jour, une amie dévouée, se trouvant près d'elle, l'entendit parler avec terreur de la mort. Comme elle s'en étonnait, connaissant ses sentiments et ses désirs du ciel, la chère malade lui répondit : « J'ai commis » tant et de si grands péchés dans ma vie ! Ce ne sont » pas des actes particuliers, c'est un ensemble qui a

» enveloppé toute mon existence ; dans ma jeunesse,
» je me suis trop occupée de choses frivoles qui ne sont
» rien aux yeux de Dieu... j'avais trop d'activité na-
» turelle, je voulais tout faire par moi-même ; ah ! le
» bon Dieu sait bien ce dont j'ai besoin en me prenant
» les bras et les jambes. Mais quel purgatoire j'aurai
» encore à faire ! »

Elle le faisait bien sur la terre son purgatoire, la
pauvre martyre ! Aussi l'heure de la délivrance appro-
chait. Il lui en fut donné un signe avant-coureur qui
la frappa profondément. Mme Mertian, pendant son
séjour à Mulhouse, s'était liée d'une étroite amitié avec
une âme digne d'être sa sœur en Dieu, la regrettée et
vénérée Mme Miquey, femme d'un zèle et d'une charité
admirables. Une intimité profonde, vraie fraternité spirituelle, s'était établie entre elles et, dans leurs pieux
entretiens, il avait été convenu que celle qui, la première, s'en irait dans une vie meilleure, aiderait l'autre
au grand passage et viendrait la chercher. Cette sainte
amie mourut au commencement d'avril 1886 ; dès lors
Mme Mertian ne douta plus que son heure approchât
aussi, et elle redoubla ses exercices préparatoires à la
mort (1).

Tout en s'abandonnant à la sainte volonté de Dieu,
elle avait un grand désir de revoir sa fille avant de
mourir. Pour lui donner cette suprême consolation, il
n'y avait pas de temps à perdre. A la fin de Mai,
réunissant ses forces, elle fit appel à toute son énergie

1. La photographie de Mme Miquey, envoyée par son mari, arriva à Paris le
jour même de la mort de Mme Mertian. Quoique la mourante fût encore en pleine
connaissance, son mari, afin de lui épargner toute émotion, ne lui montra pas ce
portrait.

pour affronter les horribles souffrances que devait lui occasionner le voyage de Cannes à Paris. La pauvre malade avait le corps si endolori qu'on dut renoncer à la transporter en voiture à la gare : on l'étendit sur un brancard, et les porteurs durent à plusieurs reprises s'arrêter en chemin pour lui donner un instant de répit, car la douleur lui arrachait des cris déchirants. La veille de son départ, elle avait fait écrire ses adieux à un prêtre de Cannes alors assez souffrant. Des liens de respectueuse amitié s'étaient formés entre ces âmes par l'échange de leur manière de voir au sujet des œuvres sacerdotales. Cet ecclésiastique se fit porter à la gare, afin de dire adieu à la chère malade ; celle-ci, installée dans le wagon et prête à partir, le pria d'y monter pour la bénir une dernière fois ; elle avoua plus tard qu'elle avait appréhendé que ce voyage n'eût une funeste issue. Malgré des soins intelligents qui lui furent prodigués, elle arriva presque sans connaissance à Paris. Là, une immense consolation lui était réservée, celle de voir encore sa fille bien-aimée et de passer auprès d'elle les dernières semaines de sa vie.

Mme Mertian fut installée dans la maison de solitude attenante au monastère, où elle occupa une chambre de retraitante. Elle vivait tant d'amour pour Dieu et d'affection pour sa fille qu'elle éprouva un mieux sensible : « Je ne sens plus mes souffrances depuis que je suis ici, » disait-elle, Oh ! que Dieu est bon de m'avoir accordé » cette dernière grâce. » Hélas ! cette amélioration ne devait être que passagère.

Elle ne savait comment témoigner sa reconnaissance

aux sœurs, qui l'entouraient de leurs soins les plus affectueux. « Je ne suis pas une ingrate, disait-elle à la
» Révérende Mère Supérieure Générale, je vous ren-
» drai au centuple là-haut le bien que vous me faites au
» corps et à l'âme. »

Elle était heureuse, en effet, la chère mourante, car les visites du divin Consolateur pouvaient être plus fréquentes, elle voulait toujours être préparée à la Communion par une de nos sœurs, et elle avait soif qu'on lui parlât de DIEU.

Le mardi de la Pentecôte, 15 juin, avant de quitter le monastère pour aller occuper près de là son appartement, où déjà M. Mertian s'était installé, on lui porta une dernière fois la Ste Communion ; sa fille était à genoux au pied du lit. Lorsque le prêtre se fut retiré, elle l'appela et lui dit :

« Viens tout près de moi, mon enfant, afin que je te
» bénisse pendant que mon DIEU est dans mon cœur. »

Et, ramenant péniblement sur la tête de sa fille sa pauvre main déjà raidie par le mal, elle laissa son cœur s'épancher dans une ineffable action de grâces.

« Je te bénis, enfant bien-aimée, la joie et la consola-
» tion de ma vie ; j'appelle sur toi toutes les bénédic-
» tions que les mères ont jamais demandées pour leurs
» enfants... Mon DIEU ! je vous confie ma fille... je vous
» remercie de l'avoir prise pour vous seul... Rendez-la
» heureuse, donnez-lui le centuple du sacrifice que je
» vous ai fait, à cause de son dévouement filial qui est la
» dernière joie de ma vie... Rendez-la sainte... Qu'elle
» travaille toujours pour votre gloire *uniquement* ! Oh !

» oui, uniquement !.. Bénissez sa congrégation et tout
» ce dont ma fille sera chargée, non pas pour elle, mais
» pour votre gloire !... Ma fille bien-aimée, je te confie
» tes frères, ton père... Recommande à Lucien d'élever
» chrétiennement ses enfants... Mes petits-enfants ! je
» ne les connaîtrai pas !... Mon DIEU, bénissez-les !...
» Je te confie Léon surtout ; il aurait encore besoin de
» sa mère... sois sa mère !... prends soin de son avenir...
» veille toujours sur lui.. Je ne le reverrai plus !.. Dis-
» lui que la dernière recommandation de sa mère est
» qu'il reste toujours bon chrétien ; mon suprême désir,
» qu'il suive toujours tes conseils !.. Je ne le reverrai
» plus !.. Mon DIEU, que votre volonté soit faite ! Je
» vous offre ce sacrifice !.. Mon DIEU, j'accepte cette
» mort lente, horrible, qui révolte ma nature; je l'accepte
» en union avec l'agonie de Notre-Seigneur, je l'accepte
» en réparation... pour réparer ma vie pleine de péchés!..
» Vous m'humiliez pour mon orgueil ! Merci, mon
» DIEU, je l'accepte avec amour... Vous savez que je
» n'ai rien fait pour vous qui soit exempt d'amour-
» propre, de vivacité, d'activité naturelle, mais je vous
» ai donné ma fille de tout mon cœur !.. Qu'elle tra-
» vaille, elle du moins, pour votre gloire ! Gardez-la,
» bénissez-la !.. »

Il y eut alors un moment de silence, puis Mme Mertian balbutia : « Je ne puis plus prier, mon enfant, je
n'en ai plus la force, lis-moi les actes après la Communion. »

Ce pieux désir accompli, sa fille, baignée de larmes,
quittait ce lit de douleur, laissant sa mère bien-aimée

les yeux fermés, les mains jointes, profondément plongée dans son recueillement et son union à Dieu.

Le moment de la séparation était arrivé ! On avait commandé une voiture où la mourante pouvait facilement être transportée comme dans un lit ; elle ne fit d'abord aucune observation, mais, après quelques instants de réflexion : « Pourquoi, dit-elle, cette nouvelle dépense, qui n'a d'autre but que la recherche de mes aises? Notre-Seigneur a porté sa croix jusqu'à la fin... Il vaut mieux donner cette somme aux pauvres. »

On respecta ce désir de la charitable malade, qui tant de fois s'était privée pour donner davantage, et on la transporta dans un fauteuil.

A partir de ce jour, les progrès du mal furent rapides ; cependant, elle eut encore la joie d'embrasser et de bénir ses trois petites-filles, qui lui furent amenées. Les tenant toutes trois serrées sur son cœur, elle dit à leur père :

« Ces petites chéries ne connaîtront pas leur grand-
» mère, mais je prierai pour elles ; qu'elles deviennent
» de bonnes chrétiennes. Oh ! qu'elles soient heureuses !
» si l'une d'elles avait la vocation religieuse, elle serait
» certainement la plus heureuse ! »

Le mardi, 29 juin, Mme Mertian eut une crise d'étouffements qui fit craindre un dénouement fatal. Le Révérend Père Emonet, Supérieur Général de la Congrégation du St-Esprit et du St-Cœur de Marie, l'engagea à recevoir les derniers sacrements. Elle parut étonnée :
« Oh ! mais, je n'en suis pas là, dit-elle ; d'ailleurs, il faut
» que je m'y prépare avec soin : » et comme le Père

insistait : « Eh ! bien, ce sera pour vendredi, fête du
Sacré-Cœur ; je ferai mon sacrifice en union avec ma
» fille, qui renouvelle ses vœux ce jour-là. »

Pendant la cérémonie, la mourante, en pleine posses-
sion de ses facultés, fut calme, recueillie. « Oh ! que je
suis heureuse, » dit-elle quand ce fut fini. A cette heure
suprême, une bien douce consolation lui fut encore donnée ; sa sœur, en apprenant la gravité de son état, accou-
rut à Paris, s'installa à son chevet et ne la quitta plus.
Les marques si touchantes d'affection, les soins si déli-
cats de cette sœur aimée furent la dernière joie terres-
tre de Mme Mertian, joie bien profonde et dont elle a
certainement emporté le souvenir au Ciel !

Le samedi 3 juillet, une sœur auxiliaire de l'Adoration Réparatrice étant allée comme d'habitude prendre de ses nouvelles de la part de sa fille, la pauvre
agonisante lui dit : « C'est aujourd'hui le jour consacré
» à la Ste Vierge ; je m'en réjouis !.. cette bonne Mère
va m'aider ! Qui sait si elle ne me guérira pas ? »

Elle devait, en effet, l'aider à faire le grand voyage
de l'éternité, la guérir à jamais des misères de cette vie !
La journée fut pénible, notre chère malade était en proie
à une soif brûlante qui lui arrachait des gémissements
douloureux.

« Oh! que j'ai soif ! Vous n'en direz rien au médecin,
« mais donnez-moi seulement une goutte d'eau !.. »
disait-elle d'une voix suppliante. « Mon Jésus, aidez-
moi ! mon Dieu, miséricorde ! »

C'est ainsi que Notre-Seigneur unissait la fidèle réparatrice aux douleurs qu'il avait voulu Lui-même

éprouver sur la croix ! A cinq heures et demie, le R. Père Emonet vint la bénir et lui donner une dernière absolution ; elle avait sa pleine connaissance ; elle joignit les mains, se recueillit et fit un acte de contrition d'un ton pénétré qui toucha profondément son confesseur.

La respiration devenait de plus en plus haletante ; on suggérait à la mourante des oraisons jaculatoires qu'elle essayait de répéter, baisant le crucifix de profession de sa fille, désireuse de recueillir sur cette image sacrée le dernier baiser de sa mère ; les cierges de sa première Communion et de sa profession éclairaient les derniers instants de cette chère et précieuse existence.

Son fils aîné lui demanda une bénédiction pour lui, pour sa femme, ses enfants, et pour le pauvre marin alors sur les côtes d'Afrique, ignorant du malheur dont il allait être frappé.

Réunissant toutes ses forces, Mme Mertian se mit à parler avec volubilité, mais sans qu'il fût possible de comprendre ce qu'elle disait ; on put cependant saisir ces mots : « Qu'est-ce que la vie ?.. Quinze jours de maladie et c'est fini.. C'est trop tôt mourir, demandez encore un mois au bon Dieu, j'ai encore tant de choses à vous dire. Lucien, je te bénis de toute mon âme ; toi, Jeanne, tes enfants... Suis toujours la voie droite, l'honneur. » Puis un peu après : « Vocation des enfants !.. » Ce fut son dernier mot ; son œuvre de prédilection devait avoir sa dernière parole !.. Avait-elle quelqu'un des siens en vue ? Priait-elle pour quelque âme en particulier ? C'est le secret de l'avenir. La sœur auxiliaire commença alors les prières des agonisants ;

elles étaient à peine achevées que Mme Mertian rendait le dernier soupir !.. Il était sept heures du soir ; l'Angelus sonnait aux églises et Marie, exauçant sa prière du matin, l'aidait, la guérissait... Tout était fini pour la terre, l'éternité au sein de Dieu commençait.

Deux jours après, la dépouille mortelle était transportée à Lunéville, où, trente-six ans auparavant, M. Mertian était venu chercher la fidèle compagne de sa vie. Un nombreux cortège, précédé du clergé de la ville, attendait le cercueil à la gare. On se rendit ensuite à l'église, qui avait été parée de fleurs comme aux jours de grande fête, par les soins d'une nièce chérie. Quoiqu'un petit nombre d'invitations seulement eussent été faites, une foule nombreuse envahissait l'église ; les professeurs du collège, les députations des œuvres charitables et des communautés religieuses, formaient cortège à la chère défunte ; tous voulaient rendre un dernier hommage à sa mémoire vénérée en l'accompagnant de leurs prières et de leurs regrets jusqu'à sa dernière demeure. Là elle repose dans l'attente de la résurrection à côté de sa mère bien-aimée et avec les autres membres de sa famille qui l'ont précédée dans un monde meilleur !

A ce simple exposé de la vie d'une grande chrétienne, qui contient d'éloquents exemples pour les agrégées de l'Adoration Réparatrice et pour les mères de famille, nous joignons des extraits de quelques lettres adressées après sa mort à sa famille désolée ; ces lignes diront combien cette âme si belle et si humble a su se faire apprécier et aimer.

Lyon, le 18 juillet 1886.

MA CHÈRE SŒUR,

'AI connu votre excellente et sainte mère à Cannes, au mois de Janvier de la présente année, pendant que je donnais une mission dans cette ville. Je reçus sa visite un jour qu'elle était plus particulièrement éprise de la passion qui remplissait sa vie : sacrifier tout ce qu'elle possédait pour la gloire de Dieu.

Un objet cependant, séduisait plus particulièrement l'âme de cette grande chrétienne : préparer des vocations ecclésiastiques à la sainte Église..... A ce moment même, je m'occupais de la création de mon école Orientale, tout particulièrement destinée à former des missionnaires ; je lui parlai de cette fondation, elle fut tout heureuse. « Eh bien, » me dit-elle, avec cette rondeur charmante que vous lui connaissiez, « je vous promets de vous aider. » A partir de ce moment, une de ses principales préoccupations fut de savoir comment elle pourrait réaliser son pieux désir. Elle était, la sainte femme, déjà si malade à cette époque !..... Durant la Mission, j'eus la douleur de perdre mon père. Il me fut impossible de quitter mon travail pour aller aux obsèques de ce père bien-aimé. Je refoulai ma douleur et je poursuivis l'œuvre commencée. Je reçus à cette occasion des marques de sympathie que je n'oublierai jamais, mais entre toutes, celles que m'exprima votre sainte mère me furent une bien douce consolation. « Mon Père, me dit-elle, les âmes que vous évangélisez en ce moment « recevront de précieuses grâces de salut que vous aurez méritées par

» votre double sacrifice ; ayez bon courage, le bon Dieu vous sou-
» tiendra..... » et elle mêlait ses larmes avec les miennes.

A la fin de février, je revins à Cannes pour y faire une conférence
en faveur de mon école Orientale. Je retrouvai Mme Mertian, mais,
hélas ! clouée sur son lit depuis plusieurs semaines !... J'eus la consolation de causer avec la vénérée malade ; elle me parla de ses enfants, qu'elle craignait de quitter bientôt en passant dans une vie meilleure. Elle ne se faisait pas illusion sur la gravité du mal qui la
torturait !...

J'eus cependant la consolation de la revoir encore une fois à Paris
au mois de juin ; ce devait être la dernière! Quelques semaines après,
je recevais de vous, ma très chère Sœur, la nouvelle du départ de
cette âme prédestinée pour la patrie.

Je n'ai pu apprendre cette mort sans verser des larmes. Non, il
n'est pas possible de porter, mieux empreint dans toutes les fibres de
l'âme et jusque sur le visage, le sceau de la prédestination. Trop peu
de temps j'ai connu cette femme de bien, mais j'ai pu voir en elle les
caractères d'une sainteté véritable. Charité, amour de Dieu et de la
sainte Église, piété large et facile qui faisait aimer Dieu à son contact,
grandeurs de vues surnaturelles extraordinaires, cœur incompara-
blement tendre et bon, dévoué à l'excès à toute œuvre intéressant
une cause noble et élevée.

Elle avait dès longtemps fait à Dieu le sacrifice de sa vie, comme
elle lui avait fait, de cœur, le sacrifice de tout ce qu'elle possédait
au monde. « Tout pour Dieu, » disait-elle ; et cette intelligence
d'élite comprenait que la cause de Dieu ne peut être dignement sou-
tenue que par des ministres saintement préparés.

Que Dieu récompense au ciel cette noble chrétienne ! Il en a fait
sur la terre un modèle des fortes vertus qui perfectionnent et qui
font les saints. Heureux ceux qui l'ont connue et qui s'inspireront de
sa vie pour diriger la leur ! Pour moi, je vous le dis dans toute la sincérité de mon âme, une de mes plus grandes consolations est d'avoir
connu votre mère, que je vénère et vénérerai toute ma vie comme
une sainte.....

Couvent de Bénédictines
d'Oelenberg.
(Alsace)

Le 20 juillet 1886.

MA CHÈRE SŒUR,

JE ne trouve point d'expression pour vous remercier du bonheur que votre fraternelle affection nous a ménagé ! Quel trésor pour nous que la photographie que renfermait votre dernière lettre ! Elle a été couverte de larmes et de baisers... Oh ! cette bonne et chère mère a été au milieu de nous la bienvenue ! Il y a juste un an aujourd'hui qu'elle venait pour la dernière fois nous serrer sur son cœur si bon, si tendre et si affectueux. Ce dernier souvenir ne me quitte pas... Je la trouve si ressemblante, dormant du sommeil des justes au milieu des fleurs qui l'entourent.

Pourquoi nous a-t-elle quittées sitôt, nous laissant orphelines ? Je vous avoue, ma chère Sœur, que cette épreuve est bien rude pour nous...

Mme votre mère fut une sainte ! son âme était ornée des qualités les plus rares, des vertus les plus solides ; son affabilité, son intelligence et sa bonté la faisaient aimer et chérir de tous ceux qui l'approchaient ! Je me défie de mon cœur qui lui gardait une si grande place, mais je parle d'après le jugement de ma Mère Supérieure et de toutes mes Sœurs...

Son âme était comme un parterre de fleurs de toute espèce. A côté de la rose de l'amour divin, l'humble violette exhalait l'odeur de son humilité à toute épreuve, et sur cette vertu, on ne saurait jamais assez s'étendre pour qui a connu Mme Mertian comme je l'ai connue ; elle se croyait, au fond du cœur, une grande pécheresse, s'accusait de sa vanité, de sa tiédeur, de son manque de générosité envers le bon Dieu ; elle allait même jusqu'à se reprocher d'avoir trop joui dans la vie ; et avec quels regrets, quel repentir elle le disait ! Jamais je ne l'ai surprise faisant ressortir une de ses qualités, ne disant, n'écrivant jamais un mot en sa faveur. A cette humilité digne d'une sainte, elle joignait un oubli de soi-même, une charité sans égale dans ce siècle d'égoïsme et de luxe. Rien pour elle, tout pour les autres, semblait être sa devise ; la tendresse de son cœur lui faisait verser des larmes à la vue des souffrances d'autrui ; le vœu qu'elle formait de vivre encore quelques années ne provenait que du désir de faire des heureux. Sa simplicité était tout évangélique, elle goûtait l'esprit de pauvreté. Elle se trouva si bien dans la petite cellule que nous lui avions arrangée lorsqu'elle vint nous faire visite ! Avec une gaité charmante, elle souriait des murs tout blancs et se réjouissait de l'absence de tout luxe, de tout bien-être...

Je voyais progresser son détachement des biens de la terre dans chaque lettre. Cette mère chérie, nous disait, à sa dernière visite, que depuis son opération elle se sentait si détachée des choses terrestres et si attirée vers Dieu, qu'elle Le bénissait de lui avoir envoyé cette épreuve, et qu'elle ne voudrait point ne l'avoir pas subie, tant la grâce du détachement lui était précieuse. Sa foi si vive lui donnait une soumission entière, profonde, amoureuse, à la volonté suprême de son Dieu; elle combattait généreusement l'impression de la nature, voulant ployer tout son être au bon plaisir divin.

L'appréhension de la mort, à cause du purgatoire qu'elle redoutait, lui causa de vives souffrances dans les derniers mois ; elle m'en parlait beaucoup dans ses lettres datées de Cannes, et je voyais cette âme se purifier de plus en plus, et s'avancer à grands pas dans le chemin de la perfection...

L'année dernière, pendant son séjour parmi nous, notre Mère Supérieure communia avec elle à la tribune; après avoir reçu son Jésus, Madame votre mère resta sans mouvement, toute absorbée en Dieu, oubliant la terre et demeurant ainsi un temps très long sans se relever. Notre Mère Supérieure éprouvait à ses côtés une douceur très suave : elle se sentait près d'une sainte.

Que s'est-il passé dans l'âme de notre aimée défunte ? Dieu seul le sait ! Son humilité aurait souffert si elle s'était douté du jugement porté sur elle par toute la communauté ! Elle me disait quelques heures après cette communion : Oh ! qu'il faisait bon ce matin. Jamais je n'oublierai cette communion...

Son amour pour Notre-Seigneur lui a donné l'esprit de sacrifice et d'abnégation à un haut degré. Rappelez-vous, ma Sœur, avec quelle générosité elle fit son sacrifice à votre entrée au couvent, le sacrifice de cette autre elle-même, comme elle vous appelait !

Que n'ai-je encore les lettres où elle épanchait son cœur, cherchant à le soulager en correspondant avec un cœur ami, demandant les prières de notre communauté pour avoir le courage de sacrifier son enfant chérie à Jésus-Sacrement ! Puis, cette énergie, cette foi quand le moment de l'oblation arrive ; elle avance d'un pas ferme, donne à Dieu ce qu'elle possède de plus cher et se donne elle-même. Elle m'a avoué avoir éprouvé de grandes douceurs après ce sacrifice dont Dieu seul a connu l'étendue ; il faut avoir con nu la mère, il faut avoir connu la fille, pour comprendre quelque chose de cette séparation.

Dieu avait confié à Madame votre mère des talents qu'elle a su faire valoir ; il l'a conduite par le chemin de la douleur, du renoncement, du sacrifice, et elle a amassé un trésor de bonnes œuvres, travaillant sans relâche, le cœur toujours tourné vers les cieux...

J'éprouve une douceur ineffable à parler de cette âme... J'ai toujours admiré en elle sa vie intérieure, toute d'amour et d'union à son Dieu ; ses épreuves lui ont été de vrais bienfaits par lesquels Il semblait lui dire : « Montez plus haut, ma bien-aimée, encore plus haut ! », et elle a toujours été fidèle. Aussi a-t-elle mérité d'être trouvée sur son lit de douleur « la femme forte, » voyant venir la mort sans crainte, parée de sa foi, de son espérance, de sa charité, et les mains pleines de bonnes œuvres, qui lui ont valu, selon les promesses du Sauveur, la couronne de l'immortalité !

Puisse votre bonne mère tenir sa dernière promesse : « Enfant, » j'intercéderai pour vous quand j'aurai quitté cette terre. »

« O mère chérie, et moi, pauvre et indigne de votre affection, je » prierai pour vous et ne vous oublierai jamais !... »

Sœur Marie-Marguerite.

Cannes, le 25 juillet 1886.

MA CHÈRE SŒUR,

JE pense vous apporter une douce consolation en vous racontant tout simplement la grâce que m'a obtenue votre sainte mère ; rien, il me semble, ne peut mieux adoucir la plaie faite à votre cœur filial, car c'est une espérance de plus de son bonheur éternel.

Eh bien donc, ma chère Sœur, avant le retour de votre chère mère à Paris, je me fis un plaisir de lui rendre tous les petits services qui étaient en mon pouvoir ; la veille de son départ, tandis qu'elle était étendue sur son lit de douleur, je me trouvais près d'elle, arrangeant ses affaires suivant ses indications ; pendant que j'allais et venais, elle me dit : « Oh ! chère amie, que pourrais-je donc faire pour » reconnaître votre affection ? Quand je serai..... » Elle n'acheva pas, voyant mon émotion ; je retournai aussitôt la conversation, mais, tout en parlant, je confiai à son bon Ange le soin de lui révéler, lorsqu'elle entrerait au ciel, une grâce désespérée que j'avais sollicitée pendant de longues années pour ma famille et que, lassée de prier sans succès, j'avais fini par abandonner.

Votre vénérée mère mourut, ma chère Sœur, le samedi 3 juillet ; habituée à la voir si mal depuis longtemps, je ne m'étais pas effrayée des mauvaises nouvelles que vous m'aviez envoyées les jours précédents et je ne songeais nullement à une fin si prochaine. Toute la journée du Dimanche, je ressentis une suavité céleste, un je ne sais quoi qui m'attirait au ciel, me reposait, me réconfortait. Dans la soirée de ce jour, on me remit une lettre ; je reconnus l'écriture et je sentis mon cœur se serrer, prévoyant une grande croix et la perte définitive de la grâce que j'avais tant demandée ; humainement parlant, je ne pouvais pas m'attendre à autre chose. N'ayant pas le courage de connaître la vérité, je déposai la lettre aux pieds de la Ste Vierge et je me mis à prier... Enfin, je me décidai à briser le cachet et que vis-je ?..... ma grâce presque entièrement obtenue !... Je n'en pouvais croire mes yeux, je ne savais d'où me venait ce bonheur !... Si Mme Mertian était partie pour le ciel, me disais-je, je croirais que c'est elle, mais ce n'est pas possible, puisqu'elle est encore sur la terre et ne sait rien de mes désirs.

Le lendemain, ma chère Sœur, je reçus votre lettre contenant la fatale nouvelle ! Tout s'éclaircit alors et je ne doutai pas une minute que cette grâce ne m'ait été obtenue par votre sainte mère à son entrée au ciel. Avant de vous la faire connaître, j'ai attendu plus de quinze jours pour voir si rien ne viendrait la démentir ; au contraire, le temps a achevé l'œuvre commencée et mes désirs sont dépassés de beaucoup ! Que Dieu en soit béni et aussi ma chère et vénérée amie !..... .

9 782329 508344